연구자가 세상에 말을 건네는 방법

대학원생·연구자의 글쓰기와 조직 운동

연구자가 세상에
말을 건네는 법

대학원생·연구자의
글쓰기와 조직 운동

구슬아

yeon
doo

차례

서문
발 헛디딤에서 기적의 반복으로

"어쩌다 대학원에 가셨어요?", "어쩌다 글을 쓰게 되셨어요?", "어쩌다 노동조합 운동을 하시게 되셨어요?" 종종 이런 질문들을 받습니다. 보통은 "발을 헛디뎌서요."라고 답합니다. 이것이 제가 할 수 있는 가장 간결하면서도 정직한 대답입니다. 물론 발을 헛디뎠다는 말을 쓸 때 제가 염두에 두는 것은 '실수'나 '추락'처럼 부정적인 감각만은 아닙니다. '발 헛디딤'이란 오히려 우리가 매일 죽을 때까지 거듭할 수밖에 없는 모든 선택과 결정, 판단이 상시적 우연성과 부조리로 구성된 세계의 내부에서 이루어질 수밖에 없다는 진실을 암시하는 표현입니다. 모든 걸음은 발 헛디딤입니다. 이는 슬픈 일도, 안타까운 일도 아닙니다. 그렇다고 즐겁거나 신이 날 일도 아닙니다. 그냥 가치중립적으로 그러하고 필연적인 것일 뿐입니다. 시간이 흐른 후에야 비로소 발 헛디딤의 자취를 돌아본 다음 거기에 서사를 부여할 수 있습니다. 중요한 것은 헛딛고 또 헛디뎌 비틀거리면서도 어떻게 계속 앞으로 나아가느냐라고 봅니다.

『대사각하의 요리사』라는 만화가 있습니다. 주인공 오사와 코우는 베트남 주재 일본 대사관에 근무하며 대사관 구성원들의 일상적인 식사와 외교 만찬을 담당하는 요리사입니다. 어느 날 한 젊은 관료의 잘못된 통역 때문에 일본 대사가 베트남 전 대통령에게 외교적 결례를 저지른 꼴이 되고 맙니다. 자신의 실수를 자책하며 실의에 빠진 젊은 관료를 위로하며 여러 이야기를 나누던 중 코우는 다음과 같은 말을 합니다.

“어쨌든 난 ‘요리를 한다’고 결단을 내렸습니다. 남은 건 요리를 좋아하고 계속할 수 있도록 노력하는 거죠. 난 그것이 ‘프로’라고 생각합니다. 단 한 번의 기적을 계속 지키는 거요.”
“단 한 번의 기적? 그게 뭡니까?”
“뭔가를 좋아하게 되는 것입니다. 후후후. 말하다 보니 괜히 쑥스러운데요.”

한창 석사 논문을 쓰던 시점에 이 만화를 읽었습니다. 논문을 쓰는 사람이 대체로 그렇듯 당시 저도 정서적으로 약간 피폐한 데다 “앞으로 내가 이 일을 계속하는 게 맞을까? 나에게 그럴 능력이 있을까?”와 같은 고민에 잠식된 상태였기 때문에 코우의 말을 일과 삶에 관한 낭만적이면서도 이치에 맞는 전망으로 해석했습니다. 연구, 더 넓게는 읽고 쓰는 일 전반을 향한 나의 애정은 의심할 여지가 없고, 이러한 애정을 품게 된 것은 일종의 기적이고, 이미 결단을 내렸으니 이 애정을 ‘온전히’ 지킬 수 있도록 노력하고, 그러다 보면 분명 프로가 되고 행복해지리라는 식의 생각을 했던 것입니다. 현재는 이 해석에서 아주 기본 골자만 남기고 내용 대부분을 폐기했습니다. 그러한 일이 일어남에 어떤 필연이나 인과관계가 전제되지 않는다는 점에서 읽고 쓰는 일에 대한 열정에 사로잡히는 최초의 순간은 기적과도 같습니다. 기적을 마주한 이는 그것이 동반하는 경이에 매료되어 자신이 하려는 일에 애정을 품게 됩니다. 하지만 경이로움은 찰나의 느낌이라 쉽게 사라집니다. 경이가 사라짐으로써 애정의 대상이 지니는 특성과 내용은 변화합니다. 따라서 처음의 애정을 그때 그대로, 온전히 유지한다는 것은 불가능합니다.

사실 그럴 필요가 없을지도 모릅니다. 오히려 애정은 매번 새로운 국면을 마주해야 합니다. "중요한 것은 꺾이지 않는 마음"이라던데 읽고 쓰는 일을 향한 제 마음은 이미 많이도 꺾였습니다. 부족한 능력, 연구 혹은 글쓰기라는 행위의 미묘한 속성, 기대했던 것과 다른 현실, 예상치 못한 온갖 어려움 때문에 '다 집어치우고 싶은' 순간을 자주 겪어서요. 모든 직업과 삶에는 이처럼 마음이 꺾이는 순간들이 제거할 수 없는 한 부분으로서 깃들어 있습니다. 그래도 그냥 하는 것입니다. 핵심은 애정의 내용이 아니라 그치지 않고 계속한다는 형식에 있습니다. 물론 이 계속한다는 형식을 지탱하는 것은 맹목적인 의지가 아니라 반성과 성찰의 자세여야 합니다. 무언가를 하는 나의 마음보다 그 일이 타자와 세계를 아우르는 '전체' 안에서 어떤 기능과 효과를 담당할 수 있느냐에 주의를 기울이면 꺾인 마음으로도 그냥 할 만합니다. 다시금 발을 헛디디며 자신의 열정을 바쳤던 일을 끝까지 밀고 나가

는 것 외에는 달리 할 수 있는 것도 없습니다. 요컨대 처음의 기적
을 '잘 지키는' 일은 보존이 아닌 갱신의 방식을 요구합니다.

'지키기 위한 갱신의 시도'가 외부의 객관적인 현실을 향해야
할 때도 있습니다. 연구자를 양성하는 고등교육 제도, 대학원 체
계, 대학의 자원과 권력의 배분 방식, 그리고 읽고 쓰는 일을 업으
로 삼은 이들 전체의 생계와 밀접하게 연결된 공적 글쓰기의 장
과 시장의 원리 등을 아우르는 사회·구조적 차원의 문제들이 바
로 그 객관적 현실입니다. 이러한 문제를 해결함으로써 객관적
현실을 갱신한다는 목표는 개개인의 의지와 능력만으로 달성할
수 없습니다. 혹자는 "위기가 곧 기회다. 척박한 현실에서도 누군
가는 빛을 본다. 열심히 하면 된다."라고 할 것입니다. 결과론적
으로 보면 아주 틀린 말은 아닙니다. 인구 절벽, 벚꽃 피는 순서대
로 사라지는 대학들, 고등교육 붕괴의 시대에도 누군가는 교수가
됩니다. 마찬가지로 글과 책, 출판이 위기 국면에 접어든 지 오래
라지만 여전히 '베스트셀러'와 '스타 작가'는 나옵니다.

하지만 공통의 위기는 기회가 아니라 위기가 맞고, 누군가는
빛을 보는 예외적 상황이 발생한다고 하여 실재하는 현실의 척
박함이 사라지지는 않습니다. 어쩌면 꺼지기 직전이라 가장 밝
게 타오르는 중인지 모를 촛불을 보며 빛이 영원할 것이라 여길
수는 없는 일입니다. 그러므로 개인의 일과 삶이 공통의 것을 지
키기 위한 공동의 시도, 이를테면 '운동'을 배제한 채 앞으로 나아
가기는 어렵습니다. 자기 자신에게 반성적 주의를 기울이는 것과
똑같이 외부의 객관적인 현실에도 깊이 개입할 수 있다는 믿음을
가지고, 실제로 그렇게 하는 것. 이것이 성인이자 직업인, 그리고

시민으로서 '한 사람의 몫'을 한다는 소박한 목표를 위해 모두가 함께 평등하게 수립할 수 있는 유일한 전략이라고 저는 생각합니다. 아니, 정확히는 그렇게 믿습니다.

이런 이야기를 할 자격이 있는지 여전히 잘 모르겠습니다만 해버리고 말았습니다. 결국 이 책은 조금씩 다르게 반복되는 발 헛디딤과 비틀거림의 자취일 따름이며, 제가 그린 것은 읽고 쓰는 일과 운동을 통한 개입을 지향하는 삶의 어스름한 윤곽뿐입니다. 그래도 이 어스름한 윤곽의 소묘가 비슷한 목표를 좇는 누군가에게 조금이나마 보탬이 되기를 바랍니다. 이정표로서도 좋고 반면교사로서도 좋습니다.

무언가를 하는 시간들 속에서 만난 모든 타인에게 감사합니다. 제가 덕을 많이 보았습니다. 부러 건네지 않는 방식으로 많은 것을 건넨 김진균, 안준범, 김헌기 님. 강태경, 정혜진, 정고은, 홍덕구, 이송희, 유현미, 김지형, 이우창 님을 포함, 같은 뜻을 향해 나아감에 인내와 너그러움으로 저를 이끌어준 '전국공공운수사회서비스노동조합 전국대학원생노동조합지부'의 동료들. 살가운 구석 없이 밖으로 돌기를 주로 하는 제자임에도 늘 격려를 아끼지 않는 지도교수님과 여러 선생님. 『취향과 판단』의 필자 여러분. 그리고 이윤하 님. 마지막으로 언제나 한결 같은 신뢰와 지지를 보내는 구광모, 이혜순 님께 진심으로 감사의 마음을 전합니다.

1부

연구자가
세상에
말을 건네는 방법

1. 연구-글쓰기와
계속해서 새롭게 반복하기

어쩌다 보니 지금 여기에

저는 본래 인문학과 문화 연구에 큰 뜻이 있었고 그 뜻을 이루기 위해 대학원에 진학, 연구자의 길을 걷기 시작했습니다. 착실하게 그리고 순조롭게 훌륭한 연구자가 되기 위한 단계를 밟아 나아가고 있으며 그래서 행복합니다. 아마 처음부터 연구자가 될 운명이었나 봅니다…라고 말할 수 있다면 좋겠습니다. 하지만 현재의 상태에 도달하게 된 뚜렷한 인과관계나 통일적 서사 같은 것은 없습니다. 한때 책 읽기를 좋아하는 어린이였다가 성장하여 책 읽기와 글쓰기를 좋아하는 청소년이 되었습니다. 대학교에서는 국어국문학을 전공했습니다. 당시만 해도 소설을 쓰고 싶었고, 국어국문과가 소설 쓰는 법을 배우는 곳인 줄로 잘못 알아 내린 결정이었습니다. 이후 문화 연구 관련 대학원에 진학했을 뿐입니다. 비록 제가 소설가는 못 될 사람이라는 점을 깨달았지만 대상을 관찰하고 그에 대해 무언가를 쓰는 일은 여전히 재미있었거든요. 잠시 취직을 고려하기도 했으나 "당신이 좋아하고 잘할 수 있는 일을 하라."는 금언을 따르기로 했습니다. 회계, 마케팅, 영업 등보다 공부를 좋아하고 잘할 수 있으리라 생각했는데, 돌이켜 보면 참 얕팍한 발상이었습니다.

어쩌다 보니 오게 된 대학원에서 보낸 한때를 한마디로 정리하자면 '좋아하고 잘한다고 생각했던 일에 대한 환상과 오해를 바로잡고 현실을 마주하는 시간' 정도가 되겠습니다. 대학원 진학은 단순히 '공부하는 사람'이 아닌 '연구자'가 되기 위한 일이며, 공부와 연구 사이에는 차이가 있음을 깨닫는 것이 그 첫걸음이었습니다. 좀 더 정확히 이야기하자면 공부는 연구의 한 부분입니다. 공부하는 사람이 소비자 혹은 수집가라면 연구자는 때때로 그러한 역할을 맡음으로써 결과적으로는 생산자가 되어야 합니다. 공부하는 사람이 지식을 모으고 흡수하며 스스로의 향상에 만족하는 데에서 그쳐도 괜찮다면, 연구자는 기존의 지식 체계를 활용하는 한편 그 안에서 해당 체계의 일부가 될 새로운 무언가를 만드는 데까지 나아가야 합니다. 자신의 일을 기능적으로 '잘' 하는 것 외에 연구를 직업으로 택한 이상 지켜야 할 행위 규범—표절과 곡학아세를 경계하고 연구의 실천성을 고민하는 등의—을 준수하는 것도 중요합니다.

연구가 공부와 똑같지 않다는 사실을 받아들이는 일 자체는 어렵지 않았습니다. 어깨가 무거워지는 느낌이 들기는 했으나 기존의 공부에 깊이와 섬세함, 생산성, 책임감 등을 더해가면 되겠지 싶었습니다. 대학원 과정에 배치된 세미나 형식의 수업들이 공부와 연구를 잇는 징검다리 역할을 해주었습니다. 연이어 마주한 현실은 연구가 생각보다 지루하고 고통스러운 절차라는 점이었습니다. 일순간 번뜩이는 영감의 불꽃보다 겨우 쥐어짜낸 사고가, 책장이 술술 넘어가는 즐거움 대신 단어 하나와 문장 한 줄에 발목을 잡히는 구속의 감각이, 일필휘지의 쾌감이 아니라 반복하여 고치고 지우고 새로 쓰는 고단함이 쌓이는 와중에 가까스로 연구는 진행됩니다.

그리하여 '좋아함'과 '잘함'에 관해 고민하게 되었습니다. 어떤 일을 하면서 고통을 느끼는 상태가 예사라면 그 일을 좋아한다고 말할 수 있을까? 과연 나는 연구를 좋아하는 것일까? 고통스럽지 않으려면 잘하면 되겠지? 그렇다면 어떻게 하는 게 연구를 잘하는 것일까? 연구를 잘하려면 어떤 능력을 갈고닦아야 할까?

연구의 기본 역량, 의사소통 능력: 읽기와 쓰기

연구란 무엇인가, 연구자는 어떤 사람이어야 하는가, 연구의 사회적 의미는 무엇인가. 이 세 가지 질문의 정답을 저는 아직 모릅니다. 대가가 아니기 때문입니다. 다만 연구가 요구하는 가장 기본 역량은 '의사소통 능력'이라 생각합니다. 서두에서 언급한 것처럼 연구는 기존 지식 체계를 활용하는 동시에 그 체계의 변화—보충, 갱신, 부정 등을 모두 포함하는—를 유도하는 새로움을 기입하는 활동입니다. 예컨대 논문의 기본 형식 중 연구사와 선행 연구 검토는 지금 내가 수행하는 이 연구가 '어떤 거인의 어깨에 올라선 난쟁이'인가를 밝히는 작업입니다. 난쟁이가 본래 자신의 능력이 허락하는 것보다 훨씬 멀리 볼 수 있는 것은 그가 선 곳이 거인의 어깨 위이기 때문이며 거인이 한데 머무르지 않고 계속해서 움직일 수 있는 것은 그의 눈을 대신함으로써 가야할 방향을 설정하는 난쟁이 덕분입니다. 새로운 장소를 향한 거인과 난쟁이의 동행이 긴밀한 의사소통을 필요로 하듯 연구 또한 이미 축적된 자료들을 면밀히 살펴 제대로 이해하는 '수용'과 그로써 구성한 진리 탐색의 새 결과물이 지식 체계의 일부가 되게끔 정연하고 설득력 있는 언어로 표현하는 '발화'를 바탕으로 이루어집니다.

공부와 구별되는 생산적 활동으로서의 연구, 그리고 그에 적합한 읽기와 쓰기의 방식이라는 문제가 다시금 핵심이 됩니다. 제 경험에 준하여 이야기하자면 글이 이끄는 대로 편안하게 따라가는 통독과 속독을 할 일은 거의 없었습니다. 앞서 연구를 위한 읽기를 지배하는 것이 '단어 하나와 문장 한 줄에 발목을 잡히는 구속의 감각'이라 밝혔던 것처럼 텍스트를 마주하는 모든 순간이 자료로서의 신뢰성과 타당성, 개념이나 표현의 정확한 함의, 내 연구와 연결될 수 있는 다양한 가능성 등에 관한 의심과 고민을 동반합니다. 외국 이론서의 한국어 번역본을 읽을 때에는 사정이 더 복잡합니다. 일차적으로 모든 번역은 해석과 선택, 재구성을 포함하기에 번역본과 원본 사이에는 반드시 일정한 의미의 간극이 발생한다는 근본 문제가 존재하고, 이에 더하여 번역자의 역량에 따라 오역이 많을 수도 있다는 변수까지 고려해야 합니다. 그러므로 여러 연구자가 원전을 읽는 능력 또는 원전과 번역본을 대조해가며 읽는 노력을 중요한 것으로 꼽습니다. 실상 주요 이론서 대다수가 외국 저작인 까닭에 연구를 위한 읽기의 사정은 늘 복잡하다고 할 수 있겠습니다.

읽기가 수렴의 과정이라면, 쓰기는 발산의 시도입니다. 읽기와 쓰기는 지식 생산의 절차 내에서 초시간적으로 연결되어 있는 한 쌍이므로 이 둘을 개개의 항목처럼 기술하는 것은 다소 부적합한 면이 있습니다만 굳이 나누자면 저는 쓰기에 더 많은 주의를 기울이는 편입니다. 수업을 위한 발제문을 작성할 때에도 개조식의 단순 요약 대신 대상 텍스트에서 특별히 주목할 만한 지점들을 선별, 이를 중심으로 내용을 재구성하거나 관련된 실제 사례를 함께 다루면서 서론, 본론, 결론을 갖추고 온전한 문장들로 이루어진 한 편의 새로운 글을 만드는 게 보통이었습니다. 일단 개조식의 단순 요약만으로는 대상 텍스트의 내용을 '진짜로 이해'했는지 저 자신도 그리고 교수자도 판단할 수 없을 것이고요. 그런 의미에서 저의 발제문에는 반드시 저의 해석과 재구성이 반영되어야 한다고 생각했습니다. 텍스트 내용과 그에 관한 해석을 재료 삼아 새 글 한 편을 산출하는 과정 자체를 '내가 나에게 부과하는 글쓰기 훈련의 기회'라 여기기도 했고요.

이처럼 수렴하는 읽기 그리고 발산하는 쓰기 사이에는 필연적으로 양자를 연결하는 매개인 사유와 해석이 개입합니다. 이미 존재하는 것들로부터 재료를 고르고 유효한 관점을 선별, 차용하기 위한 읽기, 그것들을 자기화함으로써 기존의 것과 새로운 것 사이에 다리를 놓는 가공과 재구성 작업으로서의 사유-해석, 마지막으로 앞선 절차 전체를 반영하면서 자신의 의식을 가시적 형태의 구조물로 생산, 공표해내는 쓰기. 혹은 반대로 쓰기가 더 정교하고 체계적인 사유를 견인하는 경우들. 그러므로 저에게는 연구와 글쓰기가 동의어입니다. 결국 핵심은 쓰기입니다. 연구하는 이의 읽기와 사유-해석은 언제나 쓰기를 염두에 두고, 그 전 단계로써 이루어집니다. 자기 글을 쓰지 않는다면 아무리 여러 이론과 사례를 섭렵한들 그것들로부터 생산적인 효과를 도출하는 데까지 나아갈 수 없습니다. 이때의 생산적 효과란 지성이 조율하는 의사 표현을 통해 타인에게 말을 건네고 세계에 새로움을 기입하는 실천성입니다. 연구자의 '자기 글'이 꼭 논문일 필요는 없습니다. 장르는 전략상의 선택지입니다. 왜, 어떻게 쓰느냐가 중요합니다.

조지 오웰은 글쓰기를 추동하는 네 가지 요인으로 "순전한 이기심"과 "미학적 열정", "역사적 충동" 그리고 "정치적 목적"[1]을 꼽습니다. 달리 표현하자면 인정 욕구나 허영심 등 자아의 소망을 성취하고자 하는 마음, 아름다운 대상에 관한 유려한 글을 쓰는 것에 대한 관심, 자기 시대를 객관적으로 인식하고 진실을 포착하여 기록하려는 경향, 마지막으로 자신의 신념을 관철하겠다는 의지라 할 수 있습니다. 사람마다 무엇이 더 우세하냐의 차이는 있겠지만 진지하게 글을 쓰는 사람이라면 누구나 이 네 가지 요인 모두를 동기로 삼습니다. 그리고 이 넷에는 주관적(사적) 효과를 향한 욕망과 객관적(공적) 효과에 대한 지향이 혼재되어 있는데, 오웰 역시 후자의 비중이 점층적으로 증가하는 흐름을 염두에 두고 그러한 순서에 따라 항목을 나열했을 것

1. 조지 오웰, 『조지 오웰 에세이: 나는 왜 쓰는가』, 이한중 옮김, 한겨레출판, 2010, 293~294쪽.

입니다. 실제로 글쓰기는 사적이거나 주관적이며 자아 중심적인 지점에서 출발하여 공적이고 객관적인 동시에 타자를 의식하는 방향으로 나아갑니다.

연구도 마찬가지입니다. 그냥 재미있으니까, 어떤 분야에서 한 획을 그어 영원히 회자되고 싶어서, 활달하고 다재다능한 '인싸' 친구들을 보며 느꼈던 열패감을 만회하거나 외면하기 위해…. 연구를 업으로 택함에 자아 중심적 욕망들의 영향을 부정할 수는 없을 것입니다. 그런데 그것만이 전부는 아닙니다. 유의미한 문제를 발굴한 후 그와 관련된 자료를 정리하거나 판단을 내리는 작업이 필요하다는 공적 의식도 연구에 관여합니다. 논문의 경우 다른 장르의 글쓰기보다 심미적인 측면을 신경 쓰는 경향이 대체로 덜합니다. 그렇지만 아름다운 글의 근본을 이루는 원칙, 이를테면 정확한 문장과 매끄러운 흐름에 대한 추구로부터 완전히 자유로울 수는 없습니다. 게다가 연구를 위한 글쓰기가 논문으로만 성립 가능한 것은 아니므로 지적인 목표를 추구하면서 미학적 열정에도 헌신할 기회는 늘 있습니다. 정치적 동기도 분명 존재합니다. 아니, 의사소통의 형식과 기능을 취하는 한 연구는 하나의 정치적 기획입니다.

여전히 '정치적'이라는 말이 직업 정치인들의 활동과 같은 극히 제한적인 영역, 아니면 세속적 이익을 위한 뒷거래와 권모술수의 만연을 가리키는 것으로만 간주되는 경향이 있으며 이로부터 연구의 순수성과 학문의 자율성이라는 가치에 관한 뒤틀린 이해와 강박이 생겨납니다. 하지만 우리가 사유의 대상으로 삼기를 포기할 수 없는 정치, 요컨대 포괄적인 의미에서의 정치는 "세상

을 특정 방향으로 밀고 가려는, 어떤 사회를 지향하여 분투해야
하는지에 대한 남들의 생각을 바꾸려는"[2] 경향 자체입니다. 협소
하고 왜곡된 의미의 정치 개념에 사로잡힌 채로는 연구의 정치성
혹은 정치적 목적을 이야기함에 관제 연구의 수행이나 폴리페서
polifessor가 되는 것 정도의 비교적 사소하고 진부한 사례들만을
떠올릴 수 있습니다. 연구-글쓰기의 근본적 정치성이란 견해와
신념의 측면에서 나와 다른 타인들과의 공존을 실현하기 위한 지
향입니다.

　이질적인 것들이 함께 있는 상황에는 늘 충돌과 갈등이 따릅
니다. 이 경우 상대를 외면함으로써 갈등 자체를 부정하거나 타
자성을 피상적으로만 이해하여 상황을 방치하는 등의 대처가 가
능합니다. 이러한 선택지들은 엄밀한 의미에서의 공존과 무관합
니다. 우리를 실질적인 공존의 상태로 이끄는 것은 차이와 갈등
이라는 현실적 조건 위에서 공동의 보편성을 구축하는 절차입니
다. 광의廣義의 정치, 즉 보편적 정치성의 긍정을 통해 비로소 견
해들이 경합하는 담론의 장으로서의 학계는 물론, 사회 일반에
관여하는 연구-글쓰기의 효과와 그 실천적 가능성을 제대로 다
룰 수 있습니다. 학술적으로는 이론과 정설 더 나아가 진리를 생
산하고 확장하는 작업이, 사회적으로는 합의를 도출하고 제도를
개선하고 신설하는 절차가 그러한 주제와 긴밀한 관계를 맺습니
다. 양자 모두는 내적 모순과 한계에 관한 인식에서 출발하여 상
황을 분석한 다음 어떤 사안을 문제라고 선언한 후 특정한 판단
과 지향을 만들어가는 과정입니다.

2. 같은 책, 294쪽.
　　　　　　　　　의사소통의 한 가지 형식으로서의 연구 또는 연

구의 성립과 확장을 위한 기초 조건인 의사소통의 역량이라는 관점은 연구 생산물의 사회적, 공공적 성격을 사유함에 중요한 전제가 됩니다. 달리 표현하자면 연구의 내적 정합성과 사회적 효과는 읽고 쓰는 의사소통 능력에 의지한다고도 할 수 있습니다. 그 어떤 학문 분과의 연구도 완전히 가치중립적이거나 구체적인 현실과 단절된 '성과의 목록'으로만 남을 수는 없습니다. 그중에서도 제가 발을 들인 분야, 그러니까 문화 연구-비평은 연구 수행과 현실 개입의 양자가 글쓰기 안에서 유난히 더 단단하게 결합된다고 생각합니다. 그래서 글쓰기를 잘하고 싶습니다. 지시와 서술은 분명하게, 흐름은 매끄럽게, 구성은 유기적으로 하고 싶습니다. 결국 '정확하게' 쓰고 싶다는 이야기입니다. 끝없이 반복되는 고치기와 부연, 덜어내기 등은 정확한 글을 만들기 위한 방편입니다.

정확한 글 그리고 온전한 의사소통. 이는 근본적으로는 달성할 수 없는 목표이기도 합니다. 어떤 글이든 "그것은 실패작이 될 게 뻔하고, 사실 모든 책(글)은 실패작"[3]이라는 조지 오웰의 고백은 글을 쓰는 행위의 난점과 현실에 대한 글의 충실성을 지키기 위해 내려야 하는 불가피한 선택의 문제를 염두에 둔 것이었지만 그 외의 온갖 경우에 대해서도 맞는 말입니다. 『역사의 이름들』의 한국어판 역자 후기 중 한 대목은 글을 통해 타인에게 어떤 의미를 전하는 작업이 지니는 한계를 또렷이 보여줍니다. "마치 한 줌의 모래를 움켜쥐는 것 같은 번역 작업이었다. 얼마 안 되지만 도대체 한 손에 다 쥘 수 없는 모래들. 어떻게 쥐어

도 남겨지는 모래들. 내 손에 쥔 순간 바로 손가락   3. 같은 책, 300쪽.

사이로 흐르는 모래들. 정작 손안에 들어온 건 초라하다. 누군가에게 건네주면 그마저도 온전히 다 가지지 못할 터."[4] 이는 비록 번역 작업에 관한 소회지만 여기서 '번역'을 '글쓰기'로 바꿔 읽어도 상관은 없습니다.

자신의 손가락 사이로 흐르는 모래를 보는 사람은 "부끄럽다"[5]는 감정을 느낍니다. 어쩌면 이 부끄러움이 글쓰기의 반복과 지속을 이끄는 동력 중 하나인지도 모르겠습니다. 완벽에 닿을 수는 없음을 잘 알면서도 최대한 많은 모래를 움켜쥐고, 이를 상대에게 고스란히 건네기를 바라는 것을 그만둘 수 없습니다. 그래서 시도하고 실패하고 부끄럽습니다. 만회하기 위해 다시 시도하고 또 실패하고 거듭 부끄러워집니다. 물론 부끄러움만이 전부는 아닙니다. 무엇 하나 자기 뜻대로 이루어지지 않음에도 "해 지는 줄도 모르고 모래장난에 빠져 있"는 아이처럼 구는 까닭은 이미 "눈부신 백사장에 미혹"[6]되었기 때문일 것입니다. 고통스럽지만 놓아버리기는 싫고 다 부질없는 일일까 싶다가도 이내 다시 매달리게 되는, 이 혼란하고 양가적인 상태 역시 애정으로부터 비롯하는 것이라 생각합니다. 처음 연구—글쓰기에 매료되었을 때의 그것과 다르면서도 비슷한 열정의 형식, 이것이 글쓰기의 반복과 지속을 이끄는 또 하나의 동력입니다.

---

4. 자크 랑시에르, 『역사의 이름들』,
   안준범 옮김, 울력, 2011, 186쪽.

5. 같은 책, 186쪽.

6. 같은 책, 186~187쪽.

그럼에도 계속, 새롭게 하기

연구-글쓰기의 최초 동기는 '나'를 중심으로 발생했습니다. 처음 읽고 쓰는 일에 빠졌던 무렵을 돌이켜보면 내가 어떤 대상을 파악하거나 정의할 수 있다고 믿고 그에 관해 머릿속에 세운 가설과 논증의 과정이나 이야기의 체계를 글로 구현하려는 행위 자체에서 즐거움을 느꼈으며 그걸로 충분했습니다. 솔직히 당시에는 읽고 쓰는 일이 어렵다는 생각도, 그로써 야기되는 정신적 고통도 별로 없었습니다. 아니, 있긴 있었는데요. 그냥 "어제 발제 하나 끝냈는데 모레도 발제라니, 기한 안에 다 할 수 있으려나."라든가 "오늘도 철야군. 좀 싫은데?" 아니면 "소논문 결말 부분을 어떻게 처리해야 할지 모르겠네. 평범하게 후속 연구를 기약하고 마무리할까? 아니야, 그건 너무 진부한 방식인 것 같아." 등의 사소한 고통 정도였습니다. 석사 논문을 쓸 때에도 이런 상태였습니다. 그냥 뭘 모르는 천둥벌거숭이였던 것입니다.

하지만 시간이 흐름에 따라 그러니까 단행본을 내고, 노조 활동의 일환으로 각종 공적 입장을 담은 문서들을 만들고, 대학-학계 바깥의 독자들을 겨냥한 웹진을 발행하고, 이 책의 원고를 쓰는 등의 과정을 거치면서 글의 정확성과 독자라는 타자성에 관한 고민이 커졌습니다. 읽히지 못하는 글은 없는 글입니다. 따라서 쓰는 이와 읽는 이 사이에 반드시 있을 '차이들'을 생각하지 않을 수 없습니다. 사용하는 언어—같은 한국어 사용자 사이에도 분명히 존재하는—의 차이, 관심사의 차이, 감각이나 경험의 차이, 이념과 세계관의 차이 등을 의식하고 쓸 때에야 읽힐 만한 글이

나오고 그 글을 통한 견해의 교환이나 어떤 지향의 제안 등도 기대해볼 만합니다.

자기 눈으로 자기 글을 볼 때는 비록 그것이 의미가 불분명한 문장으로 이루어져 있고 흐름은 산만하며 주장은 비약으로 점철되어 있을지언정 대체로 그럴싸하게 느껴지기 마련입니다. 문장을 쓸 때마다 튀어나오는 나쁜 습관도 자신의 눈에는 잘 들어오지 않습니다. 스스로는 흡족할 수 있습니다. 결과와 무관하게 글이 고통스러운 과정을 통해 나오는 것은 사실이고 고슴도치도 자기 새끼는 예쁜 법이니까요. 이러한 자족의 감각 또한 소중합니다. 하지만 남에게 의사를 전달하는 수단이라는 차원에서 생각하면 미숙한 글은 그 기능과 효과에 한계를 지닐 수밖에 없습니다. 큰 틀에서 볼 때 글쓰기란 쓰는 이의 독특성 혹은 개별성을 포함하여 무수한 차이 위에서 성립하는 '보편적인 것'을 지향하는 일입니다. 그렇기 때문에 연구하고 글을 쓰는 작업은 메타 인지의 작동을 요구합니다. 특히 비평을 포함해 연구를 위한 글쓰기에서 쓰는 이에게만 의미를 지니는, 그런 종류의 "개별성을 지우려는 노력을 부단히 하지 않는다면 읽을 만한 글을 절대 쓸 수 없"[7]음은 사실이라 봅니다. 그러므로 거듭 강조하건대 스타일이니 멋이니 하는 부수적인 것들 이전에 정확하게 쓰는 일이 선행되어야 합니다.

흥미로우면서도 아쉬운 점입니다만 보편적인 것에 닿기 위해 고군분투한 끝에 산출된 결과물조차도 모든 타인에게 읽힐 수 있는 글은 되지 못합니다. 의사소통을 가능케 하는 여러 조건 중 일부를 쓰는 이와

7. 조지 오웰, 앞의 책, 300쪽.

공유하는, 바꿔 말하자면 공통의 지평을 가진 이른바 '예상 독자'라 불리는 특수하고 한정적인 타인들에게 읽힐 수 있는 글 정도가 겨우 될 수 있을 뿐입니다. 그래서 이제는 연구-글쓰기가 어렵습니다. 남이 쓴 글을 제대로 읽었는지 확신할 수 없고 의사를 정확하게 표현하는 가운데 읽을 이의 타자성을 충분히 고려하고 있는지도 의문입니다. 종국에는 "내가 하려는 이야기가 내 예상과 바람만큼 사회적, 보편적 차원에서도 쓸모를 지니는가?"라는 질문을 피할 수 없습니다. 그래서 쓸수록 더 어렵기만 합니다. 당연히 예전 같은 재미는 없고요. 한때는 글쓰기가 더는 즐겁지 않다는 사실 때문에 마음이 좋지 않았습니다. 하지만 이제는 괜찮습니다.

직업으로 하는 일, 생계를 위해 하는 일에서 재미를 느끼지 못하는 것은 정상입니다. 연구-글쓰기도 그렇습니다. 어떤 대상에 완벽히 매료되어 이를 탐구하고 번뜩이는 영감에 사로잡힌 상태에서 몰아치듯 글을 써 내려가는 일. 그러므로 연구-글쓰기야말로 지루함도 괴로움도 느낄 틈이 없는 창조적 활동 중 하나라는 오해가 있고 저 또한 그런 오해를 한 채 이 업계에 발을 들였습니다만…. 막상 해보니 이게 그런 식으로 되지를 않습니다. 서두에서도 언급했듯 자료를 찾고 선별하여 가공하는 작업, 적절한 논증을 구성한 후 이를 문장으로 옮기는 일은 지난至難하고 지난持難한 절차를 따릅니다. 굉장한 몰입의 상태를 동반하는 영감은 잘해야 1년에 두세 번 정도 찾아오는 것 같습니다. 실상은 머릿속에서 생각만 빙빙 돌고 언어화가 되지 않아 하릴없이 글자를 썼다 지웠다 하며 시간을 허비하는 날이 절반, 반대로 뭔가 좀 써지는 것 같다가도 이내 막다른 곳에 다다른 처지가 되어 종일 빈 화면에 깜빡이는 커서만 노려보며 앉아 있는 날이 절반입니다.

예쁘고 시원시원한 성격에 말까지 잘해서 무척 좋아하던 친구와 동업을 시작한다고 생각해볼까요. 친구는 계속 예쁘고 시원시원하고 말도 잘하겠지만 그와 나의 관계 양상은 달라질 것입니다. 때로는 의견 차이 때문에 심하게 싸우고, 그래서 한동안 데면데면 지내다가 진지한 대화 끝에 화해를 하고, 또 어떤 날은 손발이 척척 맞아 의기투합이 되는 듯해 역시 이 친구와 일하기로 한 것은 좋은 결정이었다고 새삼 생각하기도 하고, 그러다 또 싸우고…. 어쨌거나 그 친구를 동업자로 선택했으며 일의 진행을 위해 그와 함께해야 한다는 사실은 변하지 않습니다. 오히려 동업 이후에 발생하는 온갖 불화는 어울려 놀며 웃고 떠드는 정도의 관계를 지탱하는 데 걸맞던 막연한 호감을 현실적이고 구체적인 애정으로 거듭나게 하는 과정에서 반드시 겪어야 할 성장통과 비슷합니다.

바로 앞 장에서 이야기한, 무언가를 좋아하게 되는 단 한 번의 기적을 계속 지키는 일도 마찬가지입니다. '지키는' 일이라고는 했으나 사실 이는 가만히 있는 것으로 충분한, 단순한 현상 유지가 아니라 거듭, 새롭게 계속하려는 시도를 멈추지 않기 위한 노력의 반복에 훨씬 가깝습니다. 그렇게 해야 하는 이유까지는 잘 모르겠습니다. 연구-글쓰기의 사회적, 정치적 기능과 효과에 대한 믿음과는 별개로 저에게도 제가 "글을 쓰는 동기의 맨 밑바닥은 미스테리로 남아 있"[8]습니다. 그동안 배운 도둑질이 이것뿐이라는 사실도 주요한 이유 중 하나지

8. 같은 책, 300쪽.

만 또 그것만이 전부는 아닙니다. 아무튼 연구와 글쓰기, 그 자체가 제 평생의 연구 과제 중 하나입니다. 여전히 잘하지 못하고 앞으로는 더 잘하고 싶습니다. 그리하여 제 글이 다른 생각과 지향을 가진 상대를 설복하거나 바꾸지는 못하더라도 그의 세계에 하나의 의미 있는, 주의를 기울여볼 만한 질문이나 제안이 될 수 있기를 바랍니다.

2. 대학원의 공부법:
나를 키운 것은 8할이 세미나였고

대학원의 공부법

강의, 강독, 세미나. 이것이 대학원 수업의 3대 형태입니다. 강의
는 학부에서도 익히 경험할 수 있으므로 별도의 설명이 필요하지
는 않을 것 같고요. 강독은 책이나 논문, 기타 텍스트를 정해 교수
자의 상세한 해설과 함께 내용을 독해해나가는 방식의 수업을 가
리킵니다. 예를 들어 발터 벤야민의 「기술복제시대의 예술작품」
을 대상으로 삼는다 치면 입문 수준의 수업에서는 한국어 번역
본만을 꼼꼼하게 다루고 그보다 정밀한 독해를 목표로 하는 심
화 과정 수업에서는 독일어 원본과 영어, 한국어 번역본 등의 판
본을 나란히 놓고 비교해가며 읽기도 할 것입니다. 세미나는 수
업 목표에 따라 선정된 책과 논문들을 돌아가며 발제하고 토론하
는 형태입니다. 거칠게 말해서 학부 때 하던 조별 과제와 발표의
모든 과정을 혼자 진행한다고 보면 됩니다. 본인이 발제를 맡은

문건의 내용을 정리한 글을 쓴 후 이를 모두 앞에서 발표하는 것입니다. 이론과 안면을 트는 기회로서의 강의, 다른 연구자의 글을 하나의 텍스트로 진지하게 다루는 법을 익히는 강독, 직접 텍스트를 분석한 후 정리하여 자신의 언어로 거듭 나타내는 활동에 해당하는 세미나. 각 수업 형태에 대해 제 나름대로의 정의를 내리자면 이렇습니다.

인문계열 전공의 대학원생이라면 세미나 형태의 수업이 가장 익숙할 것입니다. 적은 인원이 수강하는 대학원 수업에서 읽고 쓰고 말하는 역량을 훈련하기에 적당하죠. 저 역시 세미나를 선호합니다. 일단 발제라는 수업 참여의 의무를 통해 뭔가를 읽고 쓰게끔 강제한다는 점이 참 마음에 듭니다. 그러면서도 전체 과정에서 배우는 이 스스로가 하는 수행이 중요한 위상을 차지한다는 것 역시 좋은 일입니다. 더 나아가 주어진 텍스트를 얼마나 섬세하게 읽고 어떻게 자기의 말과 글로 재현할지를 구상하는 과정 자체가 주는 즐거움이 있습니다. 발표 후에 저의 독해와 글쓰기에 관한 교수자의 견해를 듣는 것 또한 유익한 일입니다. 혹자는 수강생 사이의 수평적이고 자유로운 의견 교환을 세미나의 핵심으로 꼽는데요. 맞습니다. 다만 이러한 토론은 성원들의 참여도 그리고 세미나의 분위기에 따라 가능하기도, 불가능하기도 합니다. 이 부분은 뒤에서 따로 이야기하게 될 것 같으니 일단 넘어가겠습니다.

'함께 공부'한다는 것의 조건

대학원생에게 세미나는 상술한 공식적 수업의 형태보다 넓은 의미를 지닙니다. 원생들끼리 자발적으로 꾸리는 공동 학습의 단위도 세미나라고 부르기 때문입니다. 연구 관심사가 비슷한 사람들이 모여 공부 모임을 만드는 것입니다. 자발적 공동 학습으로서의 세미나는 주제나 학습량 측면에서 학과 개설 강의만으로는 채워지지 않는 것들을 보충하고 원생 사이의 친목을 다지는 기능을 합니다. 제가 생활했던 학과에서는 매 학기 정규적으로 신입생을 대상으로 하는 '문화 이론 세미나'를 진행했습니다. 학과 특성상 신입생들의 학부 전공이 퍽 다양한 편인 데다 각자가 지망하는 연구 주제와 방향도 제각각인 상황에서 최소한의 공통 지평을 마련하기 위함이었습니다. '문화란 무엇인가?', '문화를 바라보는 관점에는 어떤 것들이 있는가?'와 같은 문화 연구 영역의 기초적인 문제들을 공식 수업에서 다루기는 어려우니 석·박사 과정 중인 선배 한 사람이 좌장을 맡는 원생들끼리의 세미나로 이를 대신하는 것입니다. 겸사겸사 서로의 얼굴과 학과 분위기도 익히고요.

저도 꽤 오랫동안 문화 이론 세미나의 좌장 역할을 맡았고 이외에도 몇 차례 다른 세미나를 개설, 운영해보았습니다. 개론서를 가지고 문화 연구라는 분야에 대한 희미한 윤곽선 정도를 그리는 세미나가 아닌, 본격적인 이론서를 읽는 세미나를 원생끼리 진행할 경우 맞닥뜨리는 한계가 있습니다. 보통은 이렇게 흘러갑니다. "저는 이 대목에서 말하는 게 이런 의미인 것 같아요." 잠시 동안

일동 침묵. "저도… 그런 것 같아요.", "저는 바빠서 이번 텍스트를 미리 못 읽긴 했는데요, 그게 맞는 것 같아요." 앞서 구성원 사이의 수평적이고 자유로운 의견 교환, 즉 토론의 가능성은 해당 세미나의 분위기와 이에 영향을 미치는 성원들의 참여도에 따라 결정된다는 언급을 했는데요. 바로 이런 이야기입니다.

전원이 고루 돌아가며 발제자 역할을 맡기, 발제자는 다만 그가 텍스트로부터 도출한 논점이나 견해를 제시하여 심층적 토론의 계기를 마련할 뿐 원전을 완벽하게 요약, 전달함으로써 각자의 독해를 대리해줄 수 없음을 염두에 두기, 그러므로 모두가 성실히 텍스트를 읽고 그에 관한 이해를 예비한 상태로 만나기, 그리하여 발제자와 그 외 성원 사이에 상호 참조와 의견의 교환이 활발히 이루어지는 가운데 행여 오독이 있더라도 그것이 일정한 생산성을 담보하게끔 하기. 의무 혹은 강제 그리고 준비와 참여의 자율성이라는 한 쌍에 동시에 충실한 것. 말하자면 이것이 '세미나 운영의 이상'일 것입니다. 더 일반화하면 이른바 '민주적 원칙'에 기반을 둔 온갖 공동 활동의 이상일 것이고요.

세미나는 강제나 상벌 체계에 의지하는 모임이 아니며 전적으로 성원들의 자율성을 동력 삼아 굴러가기에 이상에 근접하기 위한 모두의 노력이 한층 더 중요합니다. 만일 누군가가 발제의 부담을 지지 않는 참여만을 원하거나 텍스트 읽는 노동을 발제의 청취로 온전히 대체할 수 있다고 믿는다면 그와는 수평적 관계를 전제로 삼는, 글과 말로써 서로의 생각을 교환하는 가운데 실현되는 공동 학습의 모델을 지속하기 어렵습니다. 따라서 학과는 물론 단과대, 타 대학의 인접 전공들 혹은 대학 바깥의 학문 공동체 등에서 개설하는 여러 세미나에 두루 참여하여 장기적으로 함께 공부하고 또 의견을 나눌 수 있는 동료들을 만나는 게 좋습니다. 좋은 동료들과 함께하는 세미나는 연구자의 삶 전반에서 동기부여와 메타 인지 함양의 계기가 됩니다. 물론 자신도 타인에게 그러한 동료가 되어야 할 테고요.

어떤 세미나와 어떤 과제

저에게도 각별한 세미나가 있습니다. 때는 2013년 2학기, 박사 과정 초반에 다른 학과의 강독 수업을 들은 적이 있습니다. 종강 후 몇 주 정도 시간이 흐른 시점에 그 수업의 강사였던 이에게서 뜻밖의 메일이 왔습니다. 본인이 해당 학과의 몇몇 원생과 따로 세미나를 꾸릴 계획인데 거기에 동참하지 않겠냐는 제안이었습니다. 첨부된 세미나 커리큘럼을 보니 무려 데리다와 알튀세르의 저작 예닐곱 개를 18개월에 걸쳐 읽는다는 원대한 계획이었습니다. 덧붙여 세미나 구성원 각자의 역량에 따라 불어, 영어, 한국어 판본 중 한 가지 이상을 자유롭게 선택하여 진행하는 방식이 될 것이라는 부연도 있었고요. 메일을 다 읽고 처음 든 생각은 "이렇게 본격적이고 강도 높은 세미나에 내가 들어가도 될까? 다른 성원들에게 폐를 끼치게 되는 건 아닐까?"였습니다. 당시 저는 데리다와 알튀세르에 대해 아는 바가 별로 없었고 훗날 써야 할 박사 논문에 과연 저들의 이론을 활용하게 될지도 불분명한 만큼 유의미한 논점들을 계발할 자신이 없었습니다. 말하자면 세미나의 이상에 접근하는 데 필요한 일인분의 몫을 제대로 해낼 수 있을까를 걱정했던 것입니다.

그럼에도 구미가 강하게 당겼기 때문에 저도 끼워달라고 했습니다. 일인분의 몫이야 걱정되는 만큼 공을 들여 준비하고 열심히 참여하면 어찌어찌 해결될 일이고, 어떤 이론가의 어떤 저작을 읽는다는 구체적인 문제보다 텍스트 독해에 요구되는 자세의 측면에서 배우고 싶은 점이 있었기 때문입니다. 한 학기 동안 이 강사의 수업을 들으며 제가 마주한 것은 읽기의 새로운 지평이었습니다. 그의 표현을 빌리자면 "흰말 다르고 백마 다름"을 감각하는 읽기라고 할까요. 하나의 텍스트를 구성하는 내적 체계 그러니까 단어들과 문장, 문단, 글 전체 사이의 중층적 구조를 주의 깊게 살피는 동시에 한국 학계에 유통되는 이론서 대부분이 외국어 원전의 한국어 번역본인 상황에서 번역에 쓰인 언어와 그것에 대응하는 원전의 언어 사이의 간극을 헤아리며 읽는 경험을 새롭게 해보았고, 신선한 충격을 받았습니다. '그동안 내가 텍스트를 설렁설렁 읽었구나, 이런 식으로 읽고 글쓰기에도 이 감각을 동원해야 하는 거구나.' 싶었는데 계속해서 그런 공부를 할 수 있는 기회라니, 냉큼 잡아야죠.

여기서 잠깐, 지금까지 강사라 칭한 이 사람을 이제 선배라고 적도록 하겠습니다. 첫 세미나 후 겸연쩍어 못 견디겠다는 당사자의 부탁이 있어 선생님 대신 선배라는 호칭을 쓰기로 정했는데요. 기존에 친분이 있던 다른 성원들도 다 그를 선배라 부르고 편한 존대를 쓰는 걸로 보아 본인이 진심으로 선생님이라는 호칭을 싫어하는 것 같았습니다. 저도 호칭이나 경어법의 수준은 당사자 간 합의에 따른다는 원칙이 합리적이라고 생각하며, 남이 나를 선생님이라 부를 때 엄습하는 어색함이 무엇인지 익히 알기에 잘됐다 싶었습니다. 선배를 비롯한 해당 세미나의 성원들과 제가 지향하는 관계의 상이 흡사한 듯 보여 마음이 편하기도 했습니다. '선생님'이 아닌 '선배'와, 나이에 무관심하기 때문에 서로를 'OO 씨'라고 부르는 이들과 위계에 연연하지 않은 채 많은 것을 배우고 또 나눌 수 있음을 실감하여 기뻤습니다.

세미나는 오랜 기간 이어졌습니다. 누군가는 유학길에 오르고 또 누군가는 본격적인 논문 준비에 돌입하여 두어 해 정도 지나니 선배와 저만 남게 되었습니다. 이후 선배의 의견에 따라 외국어 텍스트를 읽은 후 각자의 연구 관심사와 대상 텍스트의 내용 사이에 어떤 접점을 마련할 것인가를 궁리하는 방식으로 세미나의 형태도 변했습니다. 그에 더해 선배는 끊임없이 같이 읽으면 좋겠다 싶은 텍스트들을 제안하였고 저는 그 의견을 고스란히 받아들였습니다. 선배의 제안을 수용하는 게 혼자 공부했다면 평생 안 (또는 못) 봤을 텍스트들과 만나는 계기라고 생각했습니다. 많은 경우 석사 혹은 박사 1~2학기에는 아직 연구 주제를 명확하게 정하지 못한 상태라 여러 텍스트를 두루 읽을 필요성을 느끼지 못하고, 3학기에 접어들면 학위 취득 일정에 쫓기는 시점이기 때문에 이미 제출한 연구 계획서의 틀을 벗어난 텍스트를 읽는 데에 시간과 여력을 할애하기 어렵습니다. 그래서 마주치면 마주치는 대로, 최대한 많은 텍스트를 조우하려 했습니다.

텍스트들과의 조우와 마구잡이식의 범독泛讀은 다릅니다. 믿을 만한 선배 연구자의 제안을 매개로 한 텍스트와의 만남은 마치 앞서 걸어간 사람이 남긴 자취를 참고하여 초행의 나아갈 방향을 가늠하는 일과 비슷합니다. 연구에 필요한 관점의 정립과 기술의 연마는 모든 연구자가 보편적으로 겨냥하는 목표지만 이를 향한 노정의 세부적 형태와 내용은 사람마다 다르기 마련입니다. 빠르게 많은 양의 논문을 산출하는 식의 효율성에 얽매이지 않은 채 찬찬히 나아가는 과정을 수용할 때에만, 바꿔 말하자면 여러 텍스트를 도구가 아닌 목적으로 대할 때에만 발견 가능한 경이들이 있습니다. 학위 과정에 있는 (예비) 연구자에게는 다양한 텍스트가 품은 경이를 편견 없이 마주하는 경험이 몹시 중요합니다. 물론 그 와중에 새로운 텍스트에서 무엇을 발견하고 또 어떻게 기존의 지식과 결합하여 자기만의 것으로 만들지는 오롯이 뒤에 오는 이, 그러니까 자기 자신의 몫입니다. 그런 의미에서 세미나의 근본적인 유익함은 매번 스스로 해결해야 할 과제가 남는다는 데 있습니다.

한 가지 덧붙이자면 세미나를 통해 얻은 것이 '과제'만은 아닙니다. 기술의 향상이라는 실용적 차원의 소득도 있었습니다. 석사 논문을 쓸 때까지만 해도 영어로 된 자료를 열람하는 일은 고통이었습니다. 대입 수학능력시험 이후 영어와는 줄곧 담을 쌓고 지내서요. 학부 때에야 전공이 국어국문학이니까 괜찮았는데 석사 과정에 와서는 영어와의 서먹한 관계가 문화 연구를, 그중에서도 음식 문화에 대한 연구를 수행하는 데 대단히 큰 걸림돌이 되더라고요. 물론 이처럼 외국어 텍스트를 읽는 능력이 필수임을 체감한들 혼자 공부했다면 성실히 임했을 리가 없습니다. 저는 저를 잘 압니다. 정기적으로 선배를 만나 진행 과정을 보이고 점검도 받고 했으니 체면을 지키기 위해서라도 열심히 한 것이지요.

초반에 가장 강력한 동기가 무엇이었든 꾸준히 세미나를 하다 보니 어느 순간 다음의 사실들을 깨달았습니다. 우선 외국어 텍스트를 직접 번역해가며 읽는 일이 퍽 즐거운 작업이라는 점. 그에 더해 모든 종류의 번역된 텍스트를 볼 때 필연적으로 존재할 원전과의 간극을 염두에 두고 읽는 행위가 지니는 생산적 의미가 있다는 점. 종합하면 어려운 대상도 자주 접하면 익숙해지기 마련이고 그 다음에는 대하기가 한결 수월하며 그렇게 달라진 관계 속에서 전에 모르던 대상의 면모를 발견할 수 있음을 깨달았습니다. 이것이야말로 큰 기쁨입니다.

2부에서 자세히 이야기할 내용입니다만 동료들과 제가 '전국대학원생노동조합'이라는 조직의 설립을 추진하여 이를 목전에 둔 시점에 선배는 에르네스토 라클라우와 샹탈 무페가 함께 쓴 책의 영역본을 읽는 세미나를 제안했습니다. "라클라우는 운동도 하고 논문도 쓴 사람이죠. 물론 그 두 가지 일이 동시에 일어난 건 아니지만 아무튼 그랬어요. 그러니까 라클라우를 읽읍시다." 라면서요. 노동조합 운동을 하면서 박사 논문도 쓰자는 선배의 의중을 잘 알았고 저 역시 그에 따르고자 했습니다. 그런데 제가 위원장, 그러니까 대표자가 될 줄은 몰랐죠. 결국 대표자로 일하는 2년 동안은 세미나를 중단할 수밖에 없었습니다. 긴급한 기자 회견이나 회의, 제보자 면담 등 돌발 업무로 예정된 세미나 날짜의 하루 이틀 전에 선배에게 양해를 구하는 경험을 서너 차례 하고 나니 면목이 서지를 않았습니다. 선배는 그러한 상황에 대해 정말이지 '온전한 이해'를 보여줬지만 제가 불편했습니다. 만족할 만한 수준으로 세미나를 준비하는 데 쓸 체력과 집중력이 턱없이 부족한 상태이기도 했고요.

노조 대표자 임기 종료를 한 달 정도 앞둔 2019년 12월 초, 선배에게 긴 메일을 썼습니다. 1월 1일이면 임기가 끝난다는 안부 인사에 지난 2년 동안 느낀 바를 구구절절 더하고 마지막 날까지 할 일을 다 하고 빠른 시일 내에 뵙도록 하겠다는 등의 내용을 적었습니다. 다음날 아침에 보니 놀라울 정도로 짧은 답신이 도착해 있었습니다. "임기가 곧 끝나신다고요. 그럼 이제 라클라우를 읽어요. 세미나를 합시다." 실제로 선배를 다시 만난 건 그로부터 몇 달이 지난 2020년 늦봄이었습니다. 선배는 조심스럽게 전국대학원생노동조합에서 조직 운동에 헌신했던 경험과 앞으로 연구자로서 하게 될 작업을 연결하기 위한 노력이 있어야 할 것이라고, 그래야 연구하는 활동가가 되든지 운동적인 연구자가 되든지 본인과 사회에 필요한 실천을 이어나갈 수 있지 않겠냐고 이야기했습니다. 그러고 보면 "그럼 이제 라클라우를 읽읍시다."라는 선배의 제안은 노조 대표자 임기 중에 학위 논문을 쓰지는 못했지만 그럼에도 혹은 그와는 무관하게 삶 전체를 통해 책상 앞의 연구자와 현장의 활동가라는 두 가지 형상의 종합을 줄곧 지향하라는 격려였던 것입니다.

얻는 것은 오직 과제들

아직 많이 자라지는 못했지만 어쨌든 저를 키운 것은 8할이 세미나입니다. 세미나는 일정한 학습량을 확보하는 데 필수 조건인 강제와 구속을 제공합니다. 그와 동시에 무엇을 얼마만큼 얻느냐를 스스로 결정짓는다는 의미에서 자율성이 크게 관여하는 학습법입니다. 강제와 자율성은 대립하는 한 쌍처럼 보이지만 사실 서로가 서로를 북돋는 관계에 있는지도 모릅니다. 지적 향상을 위해 참여와 발제의 의무라는 강제를 기꺼이 받아들이기로 결정하는 자율성, 매일 일정한 양의 자료를 읽고 궁리하도록 이끄는 강제를 통해 유지, 심화되는 텍스트와 이론을 향한 열의. 공부하는 학부생과 연구하는 연구자 사이의 과도기에 있는 대학원생-예비 연구자에게 강제와 자율성의 양자는 어느 하나 빼놓을 수 없는 지속의 조건입니다. 그러니까 세미나를 합시다. 인적 구성이 좋은 세미나는 저마다의 연구 결과를 갈무리하여 공동의 성취로 발표하는 생산성을 보여줄 수도 있습니다. 더 나아가 어떤 세미나는 누군가에게 세미나 이상의 무엇으로서 삶 전반에 큰 영향을 미칩니다. 저에게는 선배와의 세미나가 그런 세미나였습니다.

'흰말'과 '백마' 사이의 거리가 너른 들판과도 같을 수 있음을 배운 후로 텍스트를 읽을 때는 물론 글쓰기를 할 때에도 그 점을 의식하지 않을 수 없게 되었습니다. 선배는 이 이야기를 듣더니 "그걸 알고 나니까 너무 불편하지 않아요?"라며 키득거렸는데, 맞습니다. 저는 이제 예전처럼 빠르고 대범하게 글을 쓰지 못하는 인간이 되어버렸어요. 쓸수록 더 어려워지기만 합니다. 문장

하나를 적으면서 사전을 다섯 번은 보는 듯합니다. 어떤 자리에 가장 적합한 표현을 고르기 위해 단어의 유의어 목록을 열람하고 용례 등을 찾아보기 위해서요. 신중한 자세를 견지하는 것은 좋은 일이지만 직업으로서의 글쓰기를 이렇게 하면 여러 문제가 따릅니다. 아무래도 하늘 끝에 닿은 자기만의 기준을 좇는 예술보다는 정해진 납기일과 평균적으로 요구되는 완성도에 맞춰 결과물을 산출하는 제조업에 더 가까운 것이 직업으로서의 글쓰기이기 때문에…. 그래서 최대한 섬세하게 작업하되 업으로서의 글쓰기의 지속을 방해하는 수준의 강박에는 빠지는 않는, 그런 절충의 지점을 찾기 위해 고군분투 중입니다. 이것이 세미나로부터 얻은 첫 번째 과제입니다.

두 번째 과제는 지금까지 세미나를 통해 조우한 이론들을 제 것이자 모두의 것으로 만드는 일입니다, 가장 단순하게는 여러 사상가의 관점을 비판적으로 수용하는 가운데 제가 발붙이고 살아가는 시간과 장소에 유효한 고유의 관점을 구성하는 작업이 이 '자기화'에 해당할 텐데요. 연구자의 작업이 논문이나 단행본 같은 문건의 생산과 관련된 기능적 전문성의 발휘를 넘어설 필요가 있으며, 연구자의 삶이 대학-학계 그리고 그 울타리 바깥의 시민사회에 동시적으로 귀속됨을 생각하면 앞서 언급한 고유의 관점과 삶 전체를 어떻게 연결할지의 문제 또한 고민하지 않을 수 없습니다. 물론 저는 아직 그 답을 모릅니다. 대학원생노동조합에서 일하는 동안 이 고민의 형태가 좀 더 정교하고 현실적으로 바뀐 것은 사실이나 답을 찾지는 못했습니다. 연구의 정주하고 침잠하는 가운데 수렴하는 경향과 운동 또는 활동의 움직이며 발산하는 경향을 동시에 취하기 위해 자신의 자리와 과업을 어떤 식으로 설정해야 할 것인가는 아마도 평생에 걸쳐 스스로에게 묻고 또 답해야 할 질문이겠지요.

마지막 과제는 뒤에 올 이에게 무언가를 건넬 수 있는 사람이 되는 것입니다. 선배가 건넨 여러 제안과 조언 그리고 질문을 받은 덕분에 제가 저의 과제들을 발견할 수 있었던 것처럼 저 역시 누군가에게 그만의 과제들을 발견하는 계기가 된다면 참 좋겠습니다. 요컨대 쓸모 있는 선배이자 긴 여정을 함께할 만한 동행이 되기 위해 노력하겠다는 말인 것입니다. 아무리 생각해도 공식 학제는 연구자의 성장에 있어 가장 기초적인 요건에 지나지 않습니다. 그 이상의 것들은 견해를 교환하는 가운데 서로를 참조하는, 그러한 관계들 속에 있지 않은가 싶어요. 이처럼 건넴과 받음이라는 상호작용의 가능성은 건네는 이와 받는 이의 '사이'에 있습니다. 제가 준비되어 있지 않으면 의욕적인 이를 만나도 건넬 수 있는 게 없을 테고, 원치 않는 사람에게는 아무리 좋은 제안이라고 한들 억지로 건넬 수 없는 일이니까요. 그렇기 때문에 이론적 관심, 동력으로서의 강제와 자율성, 더 나아가 연구라는 행위와 연구자들의 작은 사회가 지향할 바에 대해 비슷한 관점을 공유하는 타인과의 조우는 연구자가 살아가는 동안 경험할 수 있는 가장 좋은 일 중 하나입니다.

3. 급하게 꿀팁 찾는 세계에서 지식을 대하는 법

물생활과 지식

무언가를 기르는 일, 좋아하시나요? 저는 좋아합니다. 한동안은 관엽 식물에 깊이 빠져 집에 화분을 여럿 두었습니다. 현재는 화분 가운데 일부를 가까운 지인들에게 나눠주고 예닐곱 개 정도만을 유지하고 있습니다. 물과 햇빛, 통풍만 적당히 신경 써주면 탈 없이 잘되는 것이 식물 기르기입니다. 평온함을 만끽하기 딱 좋은 취미죠. 그런데 한 해가 넘도록 내내 평온만 지속되니 이보다 난이도가 높은, 그러니까 머리와 몸을 좀 더 많이 써야 하는 일을 해보고 싶어지더군요. 그리하여 관상어를 기르기로 마음먹었습니다. 마침 영원히 계속될 것만 같았던 노동조합 위원장 임기도 막바지에 다다른 참이라 무언가를 새로 시작하기에 적당한 때이기도 했고요.

취미로 물고기를 기르며 지내는 일을 가리켜 '물생활'이라 부

룹니다. 본격적인 물생활을 시작하기에 앞서 약 두 달 동안은 사
전 지식을 습득하기 위해 이론만 봤습니다. 이론은 언제나 중요
합니다. 일반 원리에 대한 이해가 깊을수록 여러 특수한 상황에
대한 해석과 대처도 용이하기 마련입니다. 편의상 그리고 기능과
성격이 비슷하기에 이론이라 적긴 했습니다만 실상 취미 차원에
서 물생활을 즐기는 데 필요한 이론이 본격 학문의 그것처럼 체
계적인 형태로 존재하는 것은 아닙니다. 정설로 통하는 굵직한
일반론 정도가 있고 그에 대한 의견이나 해석의 모습을 한 여러
'설'이 동호인들의 커뮤니티 내에서 부지런히 교환될 따름입니
다. 그래서 저도 인터넷 카페에 가입했습니다. 물생활 카페에 드
나들며 보낸 반년 남짓 동안 제 관심을 끈 주제가 있습니다. 바로
동호인들의 의사소통의 장인 카페에서 의견과 해석이 교환되는
방식, 더 나아가 사람들이 지식과 그 획득의 절차를 어떻게 정의
하며 또 상대하고 있느냐라는 문제입니다.

이론과 질문

"물고기를 잘 기르고 싶어서 좋은 정보 얻고 많이 배우고자 가입
했습니다." 가입 인사에 빠지지 않는 말입니다. 제가 그랬듯 인터
넷 카페를 찾는 모든 사람의 목표는 물생활 관련 지식을 자기 것
으로 만드는 일입니다. 그리하여 하루빨리 입문자의 처지를 벗어
나 '고수'가 되기를 소망합니다. 뚜렷한 동기와 목표는 물론이며
지식을 습득하는 일의 필요성에 대한 의식도 엿보입니다. 반면

질문 게시판에서는 급하게 '꿀팁'을 찾는 게시물이 차지하는 비중이 매우 높습니다. "급해요! 오늘 물고기 사 왔어요. 완전 초보인데 잘 키우는 팁 좀 알려주세요."라든지 "물고기 상태가 이상해요. 아픈 것 같은데 무슨 병에 걸린 건가요?"와 같은 질문들이 하루에만 수십 개씩 올라옵니다. 물생활에 필요한 온갖 사항을 쉽고 간단하게 정리, 요약해달라거나 문제 상황에 당장 적용할 수 있는 처방을 요청하는 내용이 대부분입니다.

　지식의 획득에서 질문이 일정한 역할을 담당함은 사실입니다. 그러나 질문하는 행위가 곧 지식의 획득을 보장하지는 않습니다. 오히려 질문을 도출하는 과정, 특정한 형태의 발화로 질문을 구체화하는 일, 질문에 따라붙는 여러 답변 중 무엇을 수용할 것인지의 판단 등이 지식의 획득에 결정적이며 이 모두는 스스로 하는 일일 수밖에 없습니다. "급해요! 오늘 물고기 사 왔어요. 완전 초보인데 잘 키우는 팁 좀 알려주세요."라는 질문, 그러니까 관상어 사육의 꿀팁을 묻는 질문을 예로 들어 볼까요. 물고기가 잘 크려면 일단 그에 적합한 환경이 마련되어야 합니다. 기본은 깨끗한 물입니다. 하지만 급격한 수질 변화는 물고기에게 스트레스를 주므로 환수의 양과 횟수를 최소화하면서 깨끗한 물을 유지하는 것이 중요합니다. 그래서 고안된 것이 바로 수조에 여과기를 설치한 후 그곳에 물고기가 배출한 오염 물질을 분해하는 박테리아들을 정착, 증식시키는 방법입니다. 박테리아의 분해 활동에 의해 오염 물질이 점차 덜 해로운 물질로 변환되어가는 일련의 과정을 '여과 사이클'이라 하고, 이를 위해 수조 설치 후 박테리아를 증식시키는 작업을 '물잡이'라고 부릅니다. 물이 잡혀 여과 사이클이 잘 작동하는 수조의 경우 주 1회 5분의 1 정도의 물을 갈아주는 것만으로도 물고기 사육에 적합한 수질을 유지할 수 있습니다. 바로 이 여과 사이클과 물잡이에 관한 내용이 앞서 말한 물생활의 이론 중 가장 핵심적인 위상을 지니는 일반론에 해당합니다.

여과 사이클과 수질 관리의 원리를 이해했다면 이제 수조의 세부 사항들을 다듬을 차례입니다. 어종별로 생존과 발육에 유리한 온도와 PH, 물살의 세기가 다 다르기 때문에 여러 기계 장치의 설치나 바닥재의 선택에 신중을 기할 필요가 있습니다. 소형 어들은 포식자를 피해 몸을 숨기는 습성이 있으니 수초나 돌, 유목과 같은 소재를 활용해 입체적인 공간과 은신처를 조성해주는 게 좋고요. 조명, 사료 급여량, 서로 다른 어종 간의 합사 여부 등 이런저런 요인이 관상어 사육의 성공과 실패를 가르는 데 영향을 미칩니다. 따라서 여과 사이클, 즉 보편 원리에 관한 이해를 토대에 두고, 대상 어종이 선호하는 환경이라는 특수성을 고려하여 수조 속 온갖 요소가 조화를 이루는 수중 세계를 구축하는 것이 목표가 되어야 하겠습니다.

배경 설명이 길어졌는데요. "급해요! 오늘 물고기 사 왔어요. 완전 초보인데 잘 키우는 팁 좀 알려주세요."라는 질문을 다루기 위해서는 어쩔 수 없는 일입니다. 바로 이 '어쩔 수 없음'이 제가 이야기하려는 바를 드러내 보이고 있기도 합니다. 물생활을 소재로 논의를 진행하기 위해 최대한 간략하게 추린 배경 설명조차 분량이 상당한데 실제로 물고기를 기르고자 하는 이가 알아야 할 지식의 범위는 오죽 넓을 것이며 또 그 내용은 얼마나 복잡하겠습니까. 어떤 대상에 관한 것이든 지식의 본성은 언제나 복합·입

체적인 동시에 총체적이며 개별 명제보다 명제 사이의 상관관계
와 그로부터 생성되는 유기적 맥락이 핵심입니다. 바꿔 말하자면
정보의 파편을 모으고 기계적으로 이를 따라 하는 것과 수조의
운영에 통달하는 데 유효한 지식을 습득하는 것은 질적으로 전혀
다른 절차입니다.

　아무런 지적 배경이 없는 상태에서 좋은 결과를 내기 위해 알
아야 할 모든 내용을 전수해달라는 식의 요청을 통해서는 단편
적인 답변만을 얻을 수 있습니다. "일주일에 한 번 20퍼센트 정
도의 물을 갈아주세요.", "수온을 24~26도로 유지하는 게 좋습니
다."와 같은 처방 혹은 지침들이 그것입니다. 문제는 지침대로 했
을 때 물고기가 잘 크는 이유가 무엇인지, 그 원리를 파악하는 데
까지 가닿을 수 없다는 점입니다. 대상에 관한 이해가 전무한 상
태에서 나온 질문은 필연적으로 제삼자가 상황을 파악하여 적
절한 조언을 건네는 데 필요한 정보들을 누락합니다. 수조의 크
기, 채워놓은 물의 양, 사육 중인 물고기의 어종과 개체 수, 사용
하고 있는 여과기의 종류와 설치 시점 등에 따라 많은 것이 달라
진다는 사실에 대한 인식이 있어야 그러한 내용을 포함하는 질문
을 하는 것도 가능하겠죠. 역으로 일반 원리의 이해가 전제된 경
우에만 타인의 의견을 자신의 수조 상황에 맞춰 응용, 변주할 수
있습니다. 질문 이전에 스스로 이론 전반을 열람, 해석하고 기본
적인 이해 또는 대화의 공통 지평을 마련하는 과정이 선행되어야
하는 까닭이 이것입니다.

　'고수'의 반열에 오른 사람들은 앞서 언급한 것과 같은 형식의
질문에 댓글을 잘 달지 않는 경향이 있습니다. 성실하게 답변을

해주려면 어지간한 책 한 권에 맞먹는 내용을 적어야 하니 쉬이 엄두가 나지 않기도 할 테고요, 누군가의 '내공'이 그러한 질의-응답을 계기로 향상될 수 없음을 확신하기 때문입니다. 고수는 스스로 알아보고 고민하고 또 연구한 내용들의 결합이 사육자의 머릿속에서 하나의 체계를 구성할 때 비로소 지식의 생산적인 효과가 나타나며 그 외에 왕도는 없다는 진실을 압니다. 그리고 다른 한편으로 '세 줄 요약'이 미덕인 세상에서 이러한 진실을 반영한 조언이 환영 받지 못하리라는 점도 매우 잘 압니다. 설령 한가하고 친절한 고수가 나타나 수조 상황에 관여하는 온갖 요소와 그것 사이의 인과관계에 관한 장문의 해설을 제공한들 백지상태의 사람은 그 해설이 지니는 의미를 간파할 수 없습니다. 결국 질문자와 같은 방식으로 정보의 파편들을 수집했고, 그러한 수집을 지식의 향상과 동일시하는 이들만이 단조로운 질문에 상응하는 무미건조한 답변을 내놓습니다. 질문자는 알기 쉽고 그대로 따르기만 하면 되는 정답을 얻었다는 데에서 오는 안도감을, 답변자는 자신이 누군가에게 가르침을 줬다는 만족감을 얻긴 할 것입니다. 단지 그뿐입니다.

　무지가 곧 질문의 조건이라 여기기 쉽지만 유의미하고 건설적인 질문은 항상 앎에서 비롯합니다. 앎을 토대로 하지 않는 질문은 타인의 판단과 지시를 기다리기만 하며 그렇기 때문에 의존적입니다. 반면 앎을 포착하려는 시도의 말미에서 도출된 질문은 그 자체가 하나의 의견에 준하는 위상을 지닙니다. 그렇다면 앎이 전제될 경우 "잘 키우는 팁 좀 달라."는 질문은 어떻게 달라질 수 있을까요? "가로, 세로, 높이 25센티미터 수조에 13리터 정도의 물을 채우고 작은 물고기 열댓 마리를 키울 예정입니다. 지금 염두에 둔 어종이 수질 변화에 예민하다고 해서 주 1회 20퍼센트 미만으로 물을 갈아주려 하고요. 3와트 출력의 여과재 채운 걸이식 여과기면 무난하게 수질 관리가 될까요?" 혹은 "10리터 용량의 수조에 열대어를 키우려고 합니다. 적정 온도가 24~28도라고 하여 26도 정도에 맞춰볼 생각인데요. 물 양과 맞지 않는 전력량의 히터를 쓰면 수온이 급변할 수 있다고 들어서요. 제 수조에 10와트 히터와 25와트 히터 중 어떤 게 더 적당할지 고민입니다. 혹시 몰라 설치해놓은 수조 사진도 첨부합니다."와 같은 형식을 취하게 되겠죠. 이것이 입문자에게 필요한 입문자의 질문입니다.

　질문이 의견의 위상을 확보하면 그에 따르는 답변 또한 피력되는 견해로 그 성격이 달라집니다. 따라서 답변자마다 말이 다를 공산이 크고요. 아니, 분명 다 다른 이야기를 합니다. 상술한 물의 양과 생물의 수 그리고 여과기 성능의 관계에 대한 질문만 해도 그렇습니다. 그 정도면 무난하다는 사람이 있는가 하면 번식의 가능성을 염두에 두고 좀 더 높은 사양의 여과기를 추천하는 사람, 여과기의 성능과 무관하게 13리터의 물에 열댓 마리의 물고기를 넣는 것 자체가 과밀 사육이라는 점을 지적하는 사람도 있을 것입니다. 사람마다 관상 차원의 적합성, 개체의 순조로운 번식, 관리의 용이함, 물고기의 스트레스 경감 등으로 수조 운영의 주안점이 갈리기 때문에 나름의 맥락에서는 다 맞는 말입니다. 그러므로 종국에는 제시된 여러 답변 모두를 귀 기울여 듣는 동시에 그 적합성을 의심하는, 더 나아가 어떤 견해를 수용할 것인지를 결정하는 질문자의 능동적 수행이 다시금 요구됩니다.

좋은 질문은 이처럼 궁금증을 소거함으로써 고민을 중단시키는 순간이 아닌, 견해들 가운데 무엇을 선택하고 어떻게 이를 자기화할 것인가를 궁리하도록 강제하는 순간들을 다시금 배치합니다. 질문의 전후에 배치되는 자기 분석과 그렇게 마련한 앎에 또 다른 견해들을 연결하는 일련의 절차야말로 지식의 획득에서 핵심적인 위상을 차지합니다. 이렇게 놓고 보면 지식은 획득보다는 구성되는 것입니다. 즉 지식이란 일순간 완성된 형태로 손안에 들어오는 대상이 아닌, 끝없는 조직의 과정으로서만 존재하는 어떤 것이라는 의미입니다. 그렇기 때문에 지식을 상대한다는 것은 보편과 특수, 원리와 현상, 이론과 실제 사이의 관계를 부단히 그리고 주체적으로 탐색하는 고통스러운 작업입니다. 하지만 그 고통 덕에 즐거운 일이기도 하죠.

지식과 실천

지금까지 작은 수중 세계의 운영을 소재로 지식을 구성하는 절차의 일부 그러니까 이론의 이해, 좋은 질문 혹은 의견의 생산, 자신이 제기한 의견과 채택된 견해 사이를 새로운 체계로 거듭 조직해내는 결단 등 주로 정신적 역량이 소용되는 영역에 관해 이야기를 했습니다. 앞으로 다룰 것은 신체적 역량의 투여가 요구되는 지식 구성의 나머지 영역입니다. 이 영역의 이름은 실천이지만 의식한 내용의 현실화, 상황에 대한 개입, 이론에의 헌신을 물리적 차원에 반영하는 일 등으로 불러도 무방합니다. 수조는 인

공적으로 조성된 작은 세계이고 그 세계의 자율적인 조절 능력에는 한계가 있으니 이런저런 문제가 생기기 마련입니다. 인간이 개입함으로써 문제를 예방 혹은 해결해야 하죠. 섬세하고 성실한 환수, 적정 수온의 유지, 광량 조절, 먹이 급여량 제한 등을 포함하는 상시적 관리로 대부분의 문제를 예방할 수 있습니다. 물론 왜, 어떻게 예방할 수 있는가의 답은 이론 안에 있고요.

문제 해결이 필요한 대표적인 상황으로는 물고기에게 병증이 발생한 경우를 들 수 있습니다. "물고기 상태가 이상해요. 아픈 것 같은데 무슨 병에 걸린 건가요?"라는 문의도 동호인들의 커뮤니티에 자주 등장합니다. 질병 대처의 경우 어느 정도 심화된 지식을 요하나 어차피 관상어가 잘 걸리는 질병은 네댓 종류에 지나지 않으며 틈틈이 관련 자료를 열람했다면 육안으로 각 증상을 식별하는 게 어려운 일은 아닙니다. 그런 의미에서 이 질문 역시 문제적인 형식과 내용을 지니고 있습니다만 그 이야기는 앞에서 많이 했으니 넘어가겠습니다. 어찌어찌 누군가가 맞는 진단을 내려줬다고 가정해봅시다. 이제 알맞은 약을 정확한 용량과 용법에 따라 신속하게 사용하는 것이 관건입니다. 하지만 누군가는 세균성 질병에 항생제가 아닌 구충제를 써서, 또 다른 누군가는 사용법을 꼼꼼하게 읽지 않고 정량보다 많은 약을 넣어서 물고기를 죽입니다. 가장 나쁜 사례는 약을 투여하는 일 자체에 막연한 두려움을 느껴 저절로 나아지기를 기다리거나 대증요법에만 매달리다 때를 놓쳐 물고기를 죽이는 것입니다.

물고기를 잘 기르겠다는 의지를 실현하려면 그에 상응하는 결단력과 실행력이 따라야 합니다. 결단과 실행은 이론의 층위에 마련된 상황에 대한 이해를 현실에 적용하며 그 타당성을 스스로 따져 묻는 과정인 동시에 지식을 구성하는 행위의 한 축으로서 관찰, 분석과 쌍을 이룹니다. 적용의 반복으로 이론과 실천이 마주 닿고 지식과 숙련이 함께 함양됩니다. 요컨대 단순히 수조를 꾸며 놓고 관망하는 것을 넘어 적극적으로 자신의 지성과 역량을 사용해야 비로소 물생활을 '(잘)한다'고 할 만합니다. 대상에 대한 깊은 이해와 유익한 영향력의 행사는 주의 깊게 들여다보고 상황에 관여하기를 주저하지 않는 태도를 전제로 가능합니다. 유기적으로 결합된 일반 이론의 체계를 바탕에 두고 자신의 어항이라는 구체적 현실에 대한 실천의 의지를 거듭 배치함으로써 우리는 지식을 구성하는 끝없는 작업을 조금씩 수행해갈 따름입니다. 물생활이란 생태 환경의 총체성을 지향하는 가운데 하나의 세계를 운영하는 활동입니다. 물고기가 잘 크는 것은 그러한 활동의 최종 결과물에 지나지 않습니다.

"물생활에는 정답이 없다." 물생활 동호인 사이에서 가장 자주 회자되는 말입니다. 이 방면의 아포리즘이라 불러도 과언이 아닐 정도인데요. 얼핏 수조 운영 방법의 상대성을 전적으로 인정하는 듯 보이는 이 경구는 사실 지식이, 더 나아가 그것을 구하는 절차가 지니는 절대적인 특성을 함축합니다. 지식은 이론과 실제에 관한 자발적 탐구를 토대로 요구하며 바로 그 토대 위에서만 견해들의 유효한 교환이 가능하다는 점, 어떤 견해의 타당성을 판단하고 그것을 수용함으로써 기존의 지식 체계를 다시 구성하는 순간마다 우리는 자발적 활동으로서의 탐구를 거듭하게 된다는 점 그리고 관찰과 분석뿐 아니라 실천 또한 지식의 구성에 핵심적인 기능을 담당한다는 점. 그러므로 꿀팁처럼 편리한 동시에 완결적인 형태를 한 정답은 존재할 수 없음을, 원래 지식의 희구는 스스로 정신과 몸의 역량을 소용함으로써 지속되는 열린 절차임을, 그런 의미에서 누군가를 입문자에서 벗어나 다음 단계로 나아가게 만들어줄 수 있는 사람은 오직 그 자신뿐이라는 진리를 드러내 보이는 것입니다.

꿀팁 찾는 경향과 지식의 진실

고전적 의미에서의 앎의 확산이 주로 책이나 논문 등의 본격적인 활자 매체에 의지했다면 오늘날의 앎의 확산은 유튜브와 지식in 그리고 여러 커뮤니티 사이트의 게시판을 경유하여 이루어집니다. 앎의 가공과 전달에 관여하는 이들의 범주 또한 한정적 인원의 전문가 집단에서 모든 사람으로 확장되었고요. 정보의 양이 폭발적으로 증가했음은 물론이며 형식 측면에서는 긴 호흡의 설명이나 논증보다 유통의 신속함을 담보하는 동시에 보기에도 좋은 간결한 확언, 즉 꿀팁을 지향합니다. 그 덕에 누구나 편리하게 정보에 접근하고 빠르게 열람하는 것이 가능하게 되었습니다. 급하게 꿀팁을 찾고 건네는 일을 미덕으로 여기는 경향은 언뜻 지식의 대중화라고도 볼 수 있는 우리 세계의 일면입니다. 수많은 '멘토'의 등장, 실용적인 노하우를 전하는 여러 업계의 유명인들이 흡사 정신적 지도자에 준하는 지위를 점하게 된 현상, 외양의 변주를 거듭하는 가운데 큰 부침 없이 명맥을 이어가는 자기 계발 담론의 존재 역시 그러한 경향과 무관하지 않습니다.

유튜브나 인터넷을 활용하는 일 자체가 문제될 것은 없습니다. 다만 꿀팁의 간명함이 지식의 본질 중 하나라는 식의 생각이 지배적인 믿음으로 정착하는 일은 경계해야 합니다. 이러한 믿음은 써먹기 좋은 정보의 파편을 손쉽게 수집하는 일과 지식의 구성을 동일시함으로써 두 가지 진실을 은폐합니다. 하나는 지식이 보편성으로서의 진리를 추구하기 위해 비판과 반성적 성찰을 견인하는 체계라는 진실입니다. 반성적 성찰을 수행하는 자신 역시 그러한 성찰의 대상이어야 하므로 지식의 추구는 수집가의 자족적 행복감과는 무관한 절차이며 오히려 궁리와 실천을 반복할 때 동반되는 고통과 지난함을 선사하는 데 특화되어 있습니다. 그리고 이러한 고통과 지난함의 경험은 비단 직업 연구자들뿐 아니라 교양 너머의 지식을 희구하는 이라면 누구든, 질문자든 답변자든, 입문자든 숙련자든 동등하게 누릴 수 있는 기쁨입니다. 바로 이것이 급하게 꿀팁을 찾는 세계에서 은폐되는 지식의 두 번째 진실인 '지적 절차에의 평등한 참여의 가능성'입니다.

4. 모두가 꿀팁 찾는 세계에서 인문학을 나누는 법

다섯 달 동안의 시민 강의

세계의 본질은 복잡성입니다. 그러므로 세계 속 삶의 문제를 사유하는 일은 곧 복잡성과 그로부터 빚어진 애매모호함을 상대하는 과정이며 여기에는 고통이 따를 수밖에 없다는 진실을 받아들이는 것이 '꿀팁 찾는 세계에서 지식을 대하는 방법'의 첫 번째 원칙입니다. 특히 인문학은 이 애매모호함과 고통을 향한 열정을 강하게 요구합니다. 따라서 '인문학을 나눈다' 함은 결국 애매모호함 그리고 고통과의 기꺼운 대면을 하나의 지적 절차로서 긍정하는 자세를 제안하고 이를 비판적 사고의 형식과 연결하는 작업을 함께 해 나아가는 것입니다. 정보와 앎의 단편들을 포함하는 교양의 축적은 이러한 절차에 따르는 부수적 효과에 지나지 않습니다. 2020년 하반기, 문화체육관광부가 지원하는 생활문화시설 인문 프로그램을 통해 '노작홍사용문학관'에서 다섯 달 동안 시민 대상 강의를 진행했습니다. '인문학'과 '함께', '해 나아가기'를 모두 실현하기에는 다섯 달조차도 넉넉한 기간은 아닙니다. 그래도 이전까지 경험했던 일회성 특강들과 비교하면 사정이 나은 편이기에 좋은 기회라고 생각했습니다.

비판적 사고의 단계들

강의 주제는 제가 연구했던 '현대의 음식 문화'였습니다. 그간 축적한 연구를 활용하여 단행본에서 결산했던 것보다 한층 심화된 내용을 다루겠다는 결심을 했습니다. 다른 한편으로는 모처럼 여러 차례에 걸쳐 이루어지는 강의인 만큼 그 전개가 비판적 사고의 단계들을 반영하게끔 설계하고 싶었습니다. 첫 단계는 아주 자연스럽고 당연하다 여겼던 현상이나 상황을 새삼 낯설게 바라보는 '거리 두기'입니다. 이 거리 두기를 전제로 두 번째 단계인 '조건들의 분석'이 가능합니다. 이때의 분석이란 "어느 시점에, 어떤 이유로 우리의 세계는 지금과 같은 모습이 되었는가? 현재의 세계 속에서 우리는 무엇을, 왜 원하고 또 믿는가, 욕망과 신념은 어떻게 결정되는가? 그러한 욕망과 신념은 우리로 하여금 어떤 존재가 되기를 주문하는가?"와 같은 물음을 제기하고 이에 답하는 일입니다. 달리 표현하자면 문화의 조건들과 사회 구조, 욕망, 이데올로기 그리고 주체의 문제를 다루는 작업이라 할 수 있습니다. 최종 단계는 그렇게 도출한 자신의 답변을 타인에게 전달 가능한 견해로 재구성하는 것입니다.

그리하여 강의의 제목을 '도시의 산책자: 일상과 취향을 새롭게 바라보는 에세이 작성법'으로 정했습니다. "산책자"라는 표현은 발터 벤야민의 『아케이드 프로젝트』로부터 빌려 온 것입니다. 노작홍사용문학관이 위치한 동탄의 주민들을 대상으로 하는 강의이므로 수강생들이 산책자의 시선으로 자신과 주변을 살피고, 도시라는 장소성으로 재현되는 오늘날의 사회적 조건들과 지극히 개인적인 선택의 문제로 간주되어온 섭식의 양상 사이에 사실은 밀접한 연관이 있음에 주목할 계기를 제공하는 것이 목표였습니다. 요컨대 이론 강의와 쟁점 분석을 통해 객관적인 것과 주관적인 것 혹은 보편적인 것과 특수한 것 더 나아가 포섭하는 힘과 탈주하는 힘 같은 대립 항 사이의 관계를 헤아리는 작업을 함께 하고자 했습니다. 각 대립 항 '사이'의 공간과 그곳에 깃든 긴장을 탐색하는 데까지 나아간다면 더할 나위 없이 좋겠다는 생각도 있었습니다. 그렇지만 이와 같은 작업을 처음 경험하는 수강생도 적지 않을 테니 적당한 선을 정하고 지나친 욕심은 부리지 않기로 했습니다.

강의 말미에는 모든 수강생이 자신의 일상적인 섭식과 음식 취향에 관한 에세이를 작성, 발표하는 과제를 배치했습니다. 이는 비판적 사고의 마지막 단계를 염두에 둔 것으로, 각자가 새로운 관점으로 익숙한 것들을 보고 질문을 생산하며 그에 대한 분석과 판단으로부터 독자적인 견해를 구성, 타인과 교환하는 일련의 절차를 수행한 후 가시적 결과물을 남긴다는 취지였습니다. 하지만 글쓰기의 가장 핵심적인 효과는 그것이 '상황 속의 나'와 '상황 속의 나에 대해 쓰는 나'를 잠시 분리함으로써 자기 분석을 시도할 수 있는 공간을 마련한다는 것입니다. 최종적으로 도달하는 곳은 '주체'라는 문제입니다. 세계의 지형도를 그리는 것이 분석의 성과라면 세계라는 구조에 의해, 그 구조와 이를 이루는 여러 요소와의 관계 속에서 내가 무엇을 원하고 수행하도록 요구받는지 그리고 어떤 환상을 좇는지 등이 반드시 대면해야 할 질문으로 떠오르게끔 하는 것은 분석의 근본적 목표입니다. 그렇게 들여다본 구조와 주체의 형상에서 모순이나 결핍, 또는 분열처럼 '문제적인' 것들을 발견할 수도 있습니다. 아니, 대개 발견하게 됩니다. 흥미롭게도 온갖 새로움의 가능성은 이 문제적인 것들과 연결되어 있습니다.

연구하는 자세의 평등한 가능성

구조에 관한 성찰을 동반하기 때문에 필연적으로 자기 분석은 우리의 공통적인 조건과 상황에 대한 분석에 중첩됩니다. 인문학을 나누는 일이 사유思惟를 지향하되 사유화私有化할 수 있는 교양의 전달에 그치지 않(아야 하)는 이유가 여기에 있습니다. 지식을 나누는 과정에서 강의를 하는 사람이 건네는 것은 어디까지나 계기일 따름이며 이 계기로부터 무엇이 만들어지고 어떻게 발전해가느냐는 받는 이에 의해 결정됩니다. 하지만 그렇다고 하여 건네는 이가 '제안의 언어와 전략'을 소홀히 여겨서는 안 될 일입니다. 그래서 시민 강의는 항상 각별한 의미를 지닙니다. 노작홍사용문학관에서의 다섯 달은 학술의 장에서 통용되는 언어를 시민들에게 건네기에 적절한 말로 번역하며 타자성을 감각하는 동시에 대학-학계에서 이루어지는 연구의 문제의식이 우리 모두의 일상과 어떻게 접속될 수 있을지, 그 공통의 가능성을 모색하는 시간이었습니다. 수강생들이 발표하는 에세이의 내용을 들으며 그간 생각이 미치지 못했던 지점들을 새롭게 발견하기도 했고요.

"어떤 대상을 신중하게 살피고 궁리하며 진리를 따져 보는 일", 이것이 연구의 사전적 정의입니다. 직업으로서의 연구는 일군의 연구자 집단이 수행하는 전문적 활동이지만 '연구하는 자세'는 모두의 삶에 깃들 수 있는 평등한 역량입니다. 앞서 물생활처럼 극히 소소하며 개인적인 취미 활동조차 그러한 역량의 발휘를 요구한다는 사실을 언급했듯, 우리가 일상의 모든 순간을 상대함에 분석과 판단, 더 나아가 이념에 대한 충실의 추구 등이 개입하지 않을 수 없습니다. 특히 자유로운 동시에 일정한 권리와 의무를 지(고 있다 가정되)는 현대 시민사회의 구성원으로서 그럭저럭 제 몫을 하며 살아가는 일은 특정한 방식으로 구조화된 세계의 질서와 그곳에 속한 자기 자신에 관한 상시적 성찰을 전제로 합니다. 삶은 지식을 경유한 진리 추구의 과정 속에 위치하며 그 전개에 있어 이른바 연구하는 자세에 포함된 능동성과 자발성의 견지를 배제할 수는 없다는 것입니다.

인문학의 윤곽을 생각하기

조교로서, 연구원으로서, 강사로서, 또 대학원생노동조합의 일꾼으로서 정부 주도의 여러 인문학 지원 사업의 언저리를 맴돌며 보고 들은바, 정책과 제도 차원에서 인문학은 보통 '국가 발전에 이바지하는 인문학', '국민의 교양 수준을 드높이는 인문학', '부가가치를 창출하는 인문학', '4차 산업혁명 시대의 융복합 인문학'과 같은 모습으로 재현됩니다. 아무리 머리를 굴려봐도 인문학이 국가 발전에 이바지하고 부가가치를 창출할 방도가 대체 무엇인지 아리송합니다만 인문학에 대한 정부의 저러한 관점 자체를 부정하거나 힐난할 마음은 없습니다. 정부로서는 국가라는 차원을 중심에 둔 채 대상을 파악, 정의하는 것이 자연스러운 일이기 때문입니다. 물론 그렇다고 해서 위의 기치들에 동의한다는 말은 아니고요. 시급한 과제는 인문학이 무엇이고 그 자리는 어디인지에 관한 공통의 답변을 인문학의 담당자들이 스스로 도출하는 것입니다. 한편에는 '인문학의 위기'가, 다른 한편에는 온갖 'OO(의) 인문학'으로 가시화되는 유행의 외양이 공존하는 현재의 정세를 돌파하기에 "인문학은 중요하다. 왜냐하면 인문학은 중요하기 때문이다."와 같은 담화는 너무 무력합니다.

 똑같이 인문학을 하는 연구자라 하더라도 어떤 분과 학문에 속해 있느냐에 따라 각자가 가진 인문학의 상이 조금씩 다를 것입니다. 지금까지 시민 강의 경험을 복기하며 이야기한 내용 역시 어디까지나 특수한 이론의 영향을 받고 특정한 이념을 지향하는 제 관점에 준하여 인문학 개념의 변죽을 울린 것에 지나지 않습니다. 인문학 개념을 궁리하는 일은 저에게도 꽤 오랜 시간 공을 들여 해결해 나아가야 할 과제입니다. 대의와 생존이 함께 걸려 있으므로 잘하지 않으면 안 되는 일입니다. 다만 시민들과 함께한 다섯 달 동안 대학-학계에서의 그것과는 비슷하면서도 다른 지적 작업의 효과가 움트는 장면을 목격했고 그로부터 몇 가지 단서를 얻었습니다. 일단 시민-수강생들이 저에게 건네준 이 단서들을 잘 갈무리하는 것을 출발점으로 삼고자 합니다. 이 또한 애매모함을 상대하는 작업이고 고통이 따를 수밖에 없겠지만 하나의 지적-실천적 절차로서 긍정할 것입니다. 다른 사람에게 그렇게 할 것을 제안했듯 저 자신도 똑같이 하려고 합니다.

5. 힐링과 사이다가 대세인 세계에서의 글쓰기 ①: 희망편[9]

또 어쩌다 보니 웹진을

2021년 하반기의 과제는 삶의 간소화였습니다. 공식 임기의 종료 이후에도 잔잔하게 이어지던 대학원생노동조합 관련 업무들을 상당 부분 정리하고 지금 이 책의 원고에만 집중하리라 다짐했습니다. 다른 지면의 원고도 청탁 받지 말아야지, 난 너무 지쳤고 글쓰기의 생산성은 바닥을 기고 있으니 일단 관여하는 일을 줄이고 수행의 수준을 회복하는 게 우선이야. 글 쓰는 돌처럼 살 테다. 외부의 자극에 반응하지도, 이곳저곳 굴러다니지도 않고 한자리에서 주구장창 글만 쓰는 돌이 되겠다. 특히 사업 같은 것을 구상하고, 사람을 모으고, 그 사업을 널리 알리는 식의 작업이 요구되는 일, 요컨대 '기획', '조직', '선전'이 필요한 일은 무엇이 되었든 절대 벌이지

9. 이 장은 「안녕하세요. 취향과 판단입니다.」, 『취향과 판단』, 제1호, 2022. 1. 25.의 내용을 보완한 것입니다.

말아야지. 이런 마음이었습니다.

　하지만 이렇게 마음먹은 바로 다음 날 웹진을 만들어보지 않겠느냐는 제안을 받았습니다. 웹진이라. 웹진을 만든다는 것이 정확히 어떤 종류의 수행을 요하는 일인지 소상히 알지 못하는 관계로 "생각해보겠습니다." 정도로만 답했습니다. 그리고 실제로 생각해봤습니다. 일단 필요한 일인가? 내가 웹진을 만든다면 그것은 문화와 정치의 영역을 다루는 비평 잡지가 될 텐데, 음, 일단 필요한 것 같다. 그렇다면 내가 이 일을 할 능력이 되는가? 아…. 이건 잘 모르겠는데?

읽는 이에게 글―비평과 잡지는

웹진을 만드는 것이 필요한 일이라고 생각한 까닭은 다음과 같습니다. 잡지의 생명은 2010년대에 이미 한차례 다하였습니다. 독자 수의 급격한 감소가 원인이었습니다. 일반 전문지와 대중지 할 것 없이 어지간한 잡지들은 모두 잠정 휴간 혹은 폐간을 선택했습니다. 신문과 책의 사정도 이와 크게 다르지 않았습니다. 잡지와 신문, 책은 시대의 변화를 받아들여 잉크와 종이라는 물질성을 벗어 던지고 디지털 공간으로 이주했고 인쇄 매체가 아닌 활자 매체, 즉 웹진, 인터넷 신문, 전자책으로 거듭났지만 유튜브와 인스타그램을 거점으로 삼는 이미지와의 경쟁에서 패배합니다. 그러므로 현재의 상황은 인쇄 매체의 위기라기보다 활자 매체 혹은 '글'의 위기라 할 수 있습니다. 그렇지만 글을 포기할 수는 없습니다. 일단 제가 주된 업으로 하는 일이 글쓰기인 데다가 배운 도둑질이 이것뿐이기에 간단히 내던질 수가 없고요. 무엇보다 글에는 사진, 영상과는 구별되는 고유의 특성이 있으며 그 특성이 불러일으키는 효과가 우리 삶에 특별한 계기들을 만든다고 믿기 때문입니다.

똑같이 시각을 활용하는 일이지만 이미지를 보는 것과 글을 읽는 것은 다릅니다. 글을 읽는 일은 기본적으로 필자의 진의를 해석하고 더 나아가 그의 관점과 나의 관점을 견주어보는 식의 대면을 통해 세계와 자기 자신을 분석, 탐구하는 절차입니다. 흰 여백과 검은 글씨만으로 이루어진, 게다가 '행간을 읽는 일'까지 요구되는, 무미건조하고 지루하며 까다롭기 짝이 없는 형식을 견디며 완수해야 하는 절차죠. 읽는 이로 하여금 주의를 기울이고 주체적으로 의미를 탐색, 구성하도록 강제하는 것이 글의 특성입니다. 복잡한 문제를 다루고 정교하게 구성된 글일수록 읽는 이가 수행해야 할 정신적 작업의 강도도 높습니다. 이처럼 글은 사진과 영상만큼 다정하지도, 재미있지도, 편하지도 않습니다. 그러므로 고단한 몸과 마음을 쉬게 해야 할 여가 시간에 글을 읽는 대신 인스타그램이나 유튜브를 보는 것은 아주 자연스러운 선택입니다. 글에 의지하는 매체의 쇠락에는 이처럼 글을 읽는 행위가 곧 고된 육체적, 정신적 작업이라는 점이 크게 작용했을 것입니다. 그러므로 이 시점에, 비록 웹진일지라도 새롭게 잡지를 시작한다는 것은 참으로 시대착오적인 일입니다.

따라서 웹진을 만든다 함은 시대착오적 매체인 글을 가지고 무언가를 해보겠다는 시대착오적 발상입니다. 하지만 앞서 이야기했듯 이러한 '시대착오'는 웹진이 오늘날의 지배적인 수요에 들어맞는 매체가 아니라는 점에서 비롯한 결과이지 글 자체가 무가치해졌다는 의미는 아닙니다. 달리 생각하면 글은, 그중에서도 비평은 현재적 상황과 문제를 다루는 작업이기에 자신의 시대와 함께하지만 그와 동시에 무언가 잘못된 것을 알리는 부정적 판단을 한다는 점에서 시대와 상황을 거부하기도 합니다. 그리고 이러한 거부는 자신이 속한 세계와의 인지적 거리 두기를 통해 가능하다는 점에서 근본적으로 시대와 불화하는 감각에 맞닿아 있습니다. 하지만 또한 비평은 잘못된 것에 대해 말함으로써 그것이 사유의 대상이 되어야 한다는 사실을 강조하는 방식으로 그 존재를 인정하고, 현재의 조건으로부터 출발하여 변화해야 할 조건이 무엇인지를 도출합니다. 따라서 글-비평의 특성으로서의 시대착오란 자신의 시대에 속하되 속하지 않기를 지향하는 식의 시대착오이며 이와 같은 불일치로부터 사유와 실천 차원의 생산성을 이끌어낸다는 아이러니를 의미합니다.

글-비평은 '세 줄 요약'과 '1분 미만'으로 대표되는 정보와 지식의 전달과는 다른 형태의 앎을 생산합니다. 세 줄 요약과 1분 미만의 형식에도 특유의 순기능은 있습니다. 원하는 내용을 빠르게 취득하여 궁금증을 해소할 수 있기 때문에 다양한 지식의 조각—이를테면 애플리케이션 200퍼센트 활용법이라거나 늦가을에 즐기기 좋은 제철 수산물 목록 같은—을 수집, 현실에 적용하는 데 유리하며 정보의 빠른 확산을 꾀하기도 좋습니다. 보통 이러한 지식은 결과 차원의 가치를 지닙니다. 반면 글-비평이 생산하는 앎은 대상의 이면과 심연을 두루 살핌으로써 새로운 의미의 독해를 제안하고 감춰진 결정적 질문을 표면으로 끌어내기 위해 애쓰는 과정 속에 자리합니다. 바꿔 말하자면 비평은 세계와 인간을 명쾌한 개개의 요소로 축소하는 대신 난해한 중층의 복잡성으로 확장하는 사유의 절차를 필자와 독자가 함께 밟아가는 일인 것입니다. 이러한 절차는 '사이다'나 '힐링', '확실한 결말'의 쾌감과는 무관한, 그래서 고될 수밖에 없지만 반드시 있어야 할 지적이면서도 실천적인 활동입니다. 실제로 우리의 현실이 명쾌한 개개의 요소보다는 난해한 중층의 복합성으로 구성되어 있기도 하고요.

쓰는 이에게 독자와 대중잡지는

그렇게 문화/정치 비평을 싣는 잡지를 만드는 것이 필요한 일이고 그러므로 만들어야겠다는 데까지 생각을 정리한 후 가장 먼저 어떤 사람들과 함께 이 일을 할지, 즉 필진으로 누구를 섭외할지 고민했습니다. 당연히 능력의 측면에서 보았을 때 문화 비평 혹은 정치 비평을 쓸 수 있는 사람들을 섭외해야 할 것입니다. 다만 저는 이 '능력'이 글쓰기의 기술적 숙련보다는 위에서 이야기한 비평의 기능을 믿고 그것이 실현되도록 밀어붙이는 의지, 즉 글을 쓰는 자기 자신과 읽는 이의 양자 모두에게 진정으로 중요한 물음을 던지고자 하는 의지에 가까운 것이라 여겼습니다. 그래서 자신이 업으로 다루는 주제를 진지하고도 무거운 삶의 물음표로 여기는, 그리고 이 삶의 물음표를 타인과 나눔으로써 쓰는 이와 읽는 이 모두의 사유가 확장되게 하는 일이 의미 있는 시도이자 실천이라고 믿는 이들에게 섭외 의사를 주로 타진하기로 했습니다. 이 지점에서 제가 고려해야 할 사항은 웹진에 필진으로 참여한다는 것, 즉 한 달에 한 번 글을 쓰고 이를 사람들 앞에 내놓는 일이 필자 개개인에게는 어떤 이점으로 작용하느냐의 문제였습니다.

그런 맥락에서 설정한 첫 번째 목표는 잡지의 지면이 최대한 '신진' 필자들에게 돌아가도록 하는 것이었습니다. 글쓰기를 업으로 하(고자 하)는 사람에게 읽는 이의 존재를 의식하며 글을 쓰는 훈련은 필수입니다. 그 목적이 설명이든 설득이든 아니면 고발이든 기본적으로 글쓰기는 의사소통을 위한 것이고, 글의 기능과 효과는 그것이 누군가에 의해 읽히는 시점부터 발휘되기 시작합니다. 글쓰기와 글 읽기 혹은 필자와 독자 사이의 어떤 간극, 그리고 그러한 간극에 묶인 글의 특성으로부터 비롯하는 의사소통의 (불)가능성은 저에게도 중요한 관심사이자 계속해서 탐구해야 할 과제이며 모든 저자의 번민과 고통의 출처이기도 합니다. 번민의 상태에서 자기 글과 홀로 대결하는 것도 하나의 방법이지만 제삼자에게 원고를 보이고 그를 통해 어떤 부분의 구성이 산만하여 논지가 불분명하게 느껴지는지 혹은 서술이 부족하거나 과잉인지 등을 가늠해보는 기회를 가지면 좋습니다. 이런 식으로 읽는 이를 의식하는 글쓰기의 경험을 축적한다면 스스로가 '제삼자의 시선'으로 자기 글을 보는 것에도 익숙해집니다.

특히 제도권 학문의 영역에서 '그 바깥'을 지향하는 식의 실천을 도모하는 (예비) 연구자에게 위와 같은 글쓰기의 경험을 축적하는 일은 몹시 중요합니다. 연구자의 논문 쓰기 혹은 학술적 글쓰기는 같은 전공이나 인접한 학문 영역에 속한 동종 업계 종사자들과의 의사소통을 전제하는 작업이기에 필자와 독자 사이의 뚜렷한 공통 지평과 동질성을 상정할 수 있습니다. 그러한 전제 덕분에 기본 배경 지식에 해당하는 내용은 과감히 생략해도 무방하고 장황한 설명을 하나의 개념어로 대체할 수도 있습니다. 하지만 대학-학계 바깥의 불특정 다수—지나치게 범박하여 선호하지 않는 표현이나 '대중'이라고도 할 수 있을—에게 직접 말을 건네는 활동에서는 기존의 익숙하고 편했던 글쓰기, 그러니까 학술적 글쓰기에서 통용되던 방식들이 유효하지 않은 경우가 더 많습니다. 비록 지면에 접근 가능한 예상 독자의 모든 특수성을 포용하는 것이 불가능할지언정 최대한 유효한 글쓰기의 전략과 화법을 계발하기 위해 노력해야 합니다.

그 외에 웹진 참여를 통해 필진이 얻게 될 이점은 대략 다음과 같으리라 생각했습니다. 첫째, 내용과 형식 모두에 대한 자유도가 높은 지면에서 자신의 관심과 문제의식에 충실한 글을 쓸 수 있다는 점입니다. 이러한 작업을 통해 우리의 삶을 반영하고 조율하는 온갖 것 가운데 일상적이고 사소하기에 혹은 너무 당연하거나 주변적이라 치부되었기에, 아니면 이미 그에 대한 판단이 끝났다고 여겨 본격적이고 진지한 논의의 장에서 밀려난 대상들에 다시금 마땅한 주의를 기울일 수 있을 것입니다. 다양한 형식적 실험을 시도하는 것도 가능하고요. 둘째는 정기적인 글쓰기를 위한 '강제'의 배치입니다. 저만 그런지는 잘 모르겠으나 아무리 매력적인 소재를 발견해도 그냥은 글을 안 쓰게 되더라고요. 매달 마감일이 있고, 그것을 지켜야 하고, 일정한 완성도를 갖춘 글을 만들어야 하고, 만일 기일을 지키지 못하면 지면이 빈 채로 나가고, 독자가 실망하고, 또 잡지와 다른 필자들에게도 누를 끼치는 셈이 되고…. 이 정도의 배수진을 쳐놓으면 글을 쓰지 않을 수가 없습니다. 수행이 반복되면 숙련과 함께 작업의 결과물도 쌓입니다. 그렇게 모인 원고들을 또 다른 기획으로 연결, 발전시키는 일 역시 우리 웹진의 주요한 목표 중 하나입니다.

마지막은 연구와 글쓰기가 경제적 성취로 연결되는, 새로운 가능성을 찾는 일입니다. 앞에서도 언급했듯 대학-학계 내에서 수행하는 글쓰기는 학술 논문을 완성하기 위함입니다. 보통 논문을 쓴 다음 이를 타인에게 내보이기 위해서는 필자가 학회에 심사료와 게재료를 지급해야 하고 추후 해당 논문의 판권은 학회로 귀속됩니다. 이후 학회는 "저작권료를 받고 논문을 민간 데이터베이스업체에 넘겨"주며 업체들은 논문 열람 서비스를 제공한 후 대학 도서관과 개인 이용자들로부터 이용료를 받습니다. 그중 20~25퍼센트가 학회에 저작권료로 지급[10]됩니다. 즉 업체와 학회가 독자의 이용료를 분배하는 것입니다. 학술지의 발간을 포함한 학회의 운영에는 돈이 들기 마련이고 어떻게든 이런저런 경로를 통해 수익을 내 학술 공동체를 유지한다는 취지를 모르는 바는 아니며, 학술 자료로서의 논문을 저자가 독자에게 직접 판매하고 수익을 취하는 게 낫다는 입장도 결코 아닙니다. 오히려 연구의 공공성을 위해 누구나 자유롭게 학술 자료를 열람할 수 있게 하는 편이 바람직하다고 생각합니다. 논문의 저

10. 「논문은 학자가 썼는데, 왜 돈은 업체가 버나」, 「한겨레」, 2018. 8. 30.에서 인용과 참조.

작권과 수익 분배, 그리고 학술 자료에 대한 접근권의 문제는 한
국연구재단의 학회와 학술지 평가 체계, 그리고 그에 따라 강화
된 지식 생산 구조와의 복잡한 연관 속에 있기에 여기서는 더 자
세한 설명을 생략하도록 하겠습니다.

　요는 이러한 조건 위에서는 글을 쓰는 이가 성실히 일을 한들
그로부터 '성인 일인분의 몫을 하는 경제적 주체'로서의 자기 자
신을 확인할 기회가 거의 생기지 않는다는 것입니다. 연구자가
투고한 논문은 학술 자료의 장의 일부가 되어 누군가의 선행 연
구이자 참고 자료가 되는 등의 역할을 예비하는 한편 훗날 연구
원, 강사, 전임 교원 등에 지원할 시 이력이 됩니다. 이 모두는 현
재보다 미래 시점에 관여하는 의의이며 실현이 될 수도, 되지 않
을 수도 있는 잠재적 가치입니다. 하지만 때때로 우리의 삶에는
즉각 소용 가능한 동력도 필요합니다. 그래서 학술적 글쓰기의
장 외부—하지만 너무 멀리 떨어지지는 않은 어디쯤—에서 그러
한 동력을 얻을 수 있는 기회를 마련해보고자 했습니다. 자신의
글이 논문 심사 위원 3~5명을 넘어 더 많은 수의 구독자에게 읽
히고 그것이 경제적 성취로까지 연결될 때 느끼는 보람 같은 동
력 말입니다. 이는 비록 경제적인 것의 외양을 하고 있으나 그 본
질은 정서적인 것의 성취에 더 가깝습니다. 잡지에 글을 싣는 것
만으로 생계를 넉넉히 유지할 정도의 수입을 얻기는 어렵겠지만
자신이 하는 일을 계속하고 그에 대한 헌신을 지키기 위한 요건
가운데 일부는 충족할 수 있으리라 봅니다.

　첫 필진 중 (예비) 연구자가 많은 까닭에 그들을 위주로 이야기
했지만 사실 대학원 과정을 경험하고 안 하고는 섭외에 중요하지

않았습니다. 예를 들어 '커피 혹은 카페 문화'에 관한 연재를 부탁한 박진우 바리스타는 제가 몇 년간 꾸준히 드나들던 카페의 주인입니다. 방문할 때마다 잡담을 나누면서 그가 오늘날의 커피와 카페 문화에 관해 무척 흥미롭고 독특한 관점을 가지고 있음을 알게 되었고, 그래서 필자로 섭외했습니다. 대중을 상대로 한 담론들이 '창업'으로 대표되는 산업의 양적 팽창, '핫한 카페'와 '힙한 메뉴' 순례, 그리고 가정에서 카페의 정취를 모방하는 법 소개 등 커피·카페 문화의 표면에만 주목하는 와중에 누군가는 넘치는 말들 뒤에 가려진 진짜 질문을 발굴하고 날카로운 글로써 이를 다뤄야 한다고 생각했기 때문입니다. 당시 박진우 바리스타는 이미 유튜브에 영상을 올리며 자신의 이야기를 풀어내고 있었지만 그에 더하여 글의 형식을 통해서만 가능한 것들을 시도한다면 더 좋겠다 싶었고요.

잡지의 발행에 있어 편집자는

신진 필자들과 함께 만들어가는 잡지, 필자의 자유도가 무한에 가까운 잡지, 언제든 낯선 관점이나 형식을 실험, 시도해도 괜찮은 잡지. 이것이 우리 웹진의 기조이며 그로써 필자와 웹진과 글-비평이 함께 성장하기를 희망합니다. 다만 아무리 그렇다고 해도 잡지의 성장 과정이 동반하는 글쓰기의 미숙함과 실패로 끝난 온갖 실험의 흔적까지 독자에게 날것 그대로 보일 수는 없는 일입니다. 우리 웹진은 매달 구독료를 받는 유료 잡지이고 그러므로 최종적으로 발행되는 글은 사회적으로 합의된 수준의 완결성과 완성도를 보장한다는 정도의 '상도덕'은 지켜야 합니다. 제삼자에게 글을 내보이며 더 나은 수행의 방식을 찾을 수 있으리라는 기대, 그리고 독자에게는 일정 수준 이상의 완결성과 완성도를 갖춘 글을 선보여야 한다는 준칙, 이러한 둘이 글쓰기라는 하나의 수행 안에 공존하도록 돕는 것이 편집자의 일인 듯합니다. 바꿔 말하자면 편집자는 독자에 앞서 최초로 원고를 읽는 제삼자의 시선이자 필자의 의도를 최대한 잘 전달하는 글이 되도록 여러 가지 쓰기의 전략을 제안하는 조력자인 것입니다.

우리 잡지에서의 제 역할이 이것인데요. 우선은 두 가지 항목에 집중하기로 했습니다. 첫 번째는 최종 발행되는 글이 올바른 한국어 정서법과 문법을 따르게끔, 그러니까 맞춤법, 띄어쓰기, 주술 호응 등에 있어 오류가 없도록 하는 것입니다. 일상적 대화에서야 뜻만 통하면 언어 규칙은 아무래도 좋을지 모르겠습니다. 하지만 '(주)프로 연구자의 지적 활동과 그 결과물'이자 '구독자에게 판매되는 글'에서 정서법과 문법은 그냥 기본입니다. 목수가 탁자를 만들 때 다리와 상판을 적합한 방식으로 결합하여 완성품이 견고하게 설 수 있도록 하는 일이 기본이듯 말입니다. 하지만 이와 같은 '기본'이 충족되지 않는 경우가 의외로 많습니다. 단행본이나 신문, 잡지의 기고문은—담당 편집자의 손을 거치기 때문에 초고의 상태는 알 수 없으나 적어도 발행된 판본에서는—그러한 사례가 드물지만 논문을 검색하다 보면 서너 편 중 하나꼴로 한국어가 많이 이상한 글을 마주하게 됩니다. 학위 논문은 물론이고 이미 '면허'를 취득한 지 오래된 연구자가 작성한 학술지 논문 중에도 중의적으로 읽힐 수 있거나 주술 호응이 어긋난 문장으로 점철된 글들을 어렵지 않게 찾아볼 수 있습니다.

언어의 규칙을 일부러 해체하는 아방가르드를 추구하는 것이 아닌 이상 분석과 판단, 그리고 설득을 목적으로 하는 모든 글은 의사소통의 수단입니다. 그렇기 때문에 문장이 몹시 유려할 필요까지는 없지만 언어의 규칙을 위반하여 읽는 이로 하여금 의미 파악을 어렵게 만드는, 그러니까 의사소통의 기능을 제대로 수행하지 못하는 글을 선뵈지는 말아야 할 것입니다. 우리 머릿속에서 사유의 건축물을 지어 올리는 데 재료로 쓰이는 것도, 그 사유를 타인에게 전할 때 운반의 도구로 쓰이는 것도 똑같이 언어이기에 문법적 오류, 특히 비문으로 점철된 글은 필연적으로 그것을 작성한 이의 사유의 정교함 혹은 정합성에 관한 신뢰를 훼손합니다.

두 번째로 집중한 항목은 '전달력과 수용 가능성의 제고'입니다. 전문적 주제를 다루는 데다 비평의 형식을 채택한 이상 우리 잡지가 무작정 쉽고 재미있는 글만을 추구할 수는 없습니다. 그와 동시에 연령대와 지적 배경, 관심사가 제각각인 독자들을 상대하는 지면이기에 어려운 게 당연한 이야기일지언정 이를 마냥 어렵게 풀 수도 없는 노릇입니다. 어려운 게 당연한 이야기를 어렵게 푸는 것은 전적으로 글을 쓰는 이에게만 편리한 선택입니다. 결국 앞서 강조했던 '읽는 이의 존재를 의식하는 글쓰기'가 다시금 핵심이 됩니다. 전달력과 수용 가능성을 높이기 위해서는 문법적으로 정확한 문장을 쓰는 것을 포함하여 글의 논점을 선명하게 드러내는 데 유리한 구성을 설계하고 자세히 설명해야 할 내용과 생략해도 무방한 내용을 구분하거나 적합한 예시를 찾는 등의 작업이 매번, 매 순간 요구됩니다. 결국 이 모두는 '적당한 선'을 찾기 위해 스스로 자신의 글과 마주 서는 절차라고도 할 수 있습니다.

그리하여 잡지를 통해 우리 모두는

몇 해 전 대학원생노동조합의 정책 사업을 계기로 알게 된 당시 서울대학교 대학원총학생회 전문위원 이우창은 글쓰기, 특히 지적인 글쓰기에서 적당한 선을 설정하는 문제에 관해 다음과 같이 이야기했습니다.

> "다만 내가 할 수 있는 최선은 다른 세계의 사람이 실수로 문을 열고 들어왔을 때 잠깐 무슨 일이 벌어지고 있는지 이해할 수 있도록, 운이 좋다면 짧게라도 말을 걸어볼 수 있도록 붙잡기 쉬운 작은 손잡이 하나를 남겨두는 정도다. (…) 그 사람들이 이 글에 뭔가 읽을 만한 것이 있다고 생각하기를 바라기 때문이다. 그런 타자들을 고려하지 않는 순간 우리의 글쓰기는 철저히 자기 만족적 행위 혹은 '우리'끼리만의 무성의한 의례 비슷한 것이 되어버리기 쉽기 때문이다."

동의하는 바입니다. 그의 말을 빌려 웹진을 시작한 동기를 하나로 압축하자면 그것은 결국 글쓰기가 "자기 만족적 행위"나

"무성의한 의례"에 그치지 않고 타자를 향한 말 건네기가 되어야 한다는 믿음입니다. 글쓰기는 지적—그리고 정치적이거나 심미적이기도 한—실천의 한 양상이지만 그렇다고 모든 글쓰기가 곧바로 실천과 등치될 수 있는 것은 아닙니다. 글 안에 읽는 이가 "붙잡기 쉬운 작은 손잡이 하나"는 있어야 비로소 글쓰기는 특정한 실천의 차원에 닿습니다. 작은 손잡이 하나라고는 했지만 이를 마련하려면 쓰는 이가 자신의 글에 "최선"을 투여해야 함은 물론입니다. 그러므로 적당한 선을 탐색한다는 것은 속 편한 타협이나 중도 포기가 아니라 자신의 글쓰기를 부단히 벼리는 절차를 지시합니다.

제가 보기에 현재 연구자의 훈련과 활동 영역으로서의 대학-학계는 글쓰기의 수행과 실천적 차원이라는 주제에 충분한 관심을 기울이지 못하고 있습니다. 직업으로 논문을 쓰는 사람들이 모여 있는 곳에서 글쓰기에 관한 근원적 사유의 결핍이 관찰된다는 것, 달리 말하자면 '글쓰기'는 난망한데 '논문 쓰기'가 성립한다는 것은 분명 야릇한 일입니다. 이미 한 차례 언급했지만 학위 논문과 학술지 게재 논문을 막론하고 초록抄錄에서부터 읽기 어려울 정도로 비문이 빈번하게 등장하거나 구글 번역기 같은 문체로 점철된 글, 개진하고자 하는 주장이 무엇인지 불분명한 글들이 자주 눈에 띕니다. 대체 왜 이런 일이 생기는 것일까요. 비슷한 문제의식을 가진 동료들과 이야기를 나눌 때 공통적으로 지목되는 원인이 있습니다. 바로 연구자를 양성하는 과정에 체계적인 글쓰기 교육이 포함되지 않는다는 점입니다. 그 결과 글을 활용한 의사소통의 능력과 이를 포함하는 리터러시literacy는 각자 알아서 축적해온 독서와 쓰기의 경험에 의해 결정되며 구성원 사이의 격차가 두드러집니다.

이에 덧붙여 연구자의 '학술적 성과'를 학술지에 게재된 논문의 수에 따라 셈하는 현행 양적 평가 제도가 연구자들로 하여금 엄밀하고 정확한 글쓰기를 추구하는 대신 단기간에 논문 여러 편을 산출하는 데에만 몰두하도록 유인한다는 이우창의 지적도 눈여겨볼 만합니다. 동일한 맥락에서 그는 영미권에서는 단행본을 써서 출판하는 일을 연구자의 중요한 활동으로 간주하지만 한국의 경우는 그렇지 않다는 점을 함께 언급합니다. 실제로—대학에 따라 조금씩 다르긴 하지만—단행본 출간은 임용 절차에 지원할 때에도, 임용된 이후 계약 사항을 이행할 때에도 유효한 실적으로 인정 받지 못하는 것이 예사입니다.[11] 이와 같은 제도적 조건은 연구자의 활동 형식을 한정하는 동시에 자신의 글쓰기에 반성적으로 접근하고 꼭 거쳐야 할 훈련의 절차들을 반복, 지속함으로써 수행 능력을 제고할 시간과 기회를 제한하는 결과로 이어집니다.

그리하여 우리 잡지는 '논문 쓰기에 앞서는 글쓰기 역량'의 중요성을 헤아리지 않는 현행 제도의 결핍을 제도 바깥에서 사유하고자 합니다. 잡지를 발행하기 전에 거치는 편집의 과정, 즉 초고를 완성한 후 편집자에게 이를 보이고 교정·수정 의견을 받아 글을 고치는 일련의 작업, 그리고 발행 이후 구독자들의 반응을 확인하는 가운데 자신의 글쓰기를 복기하고 여기서 얻은 교훈을 다음 글쓰기에 반영하는 과정이 곧 훈련의 절차가 됩니다. 그래서 필자의 원고에 교정, 수

11. 단행본 출간뿐 아니라 번역 작업 역시 한국 대학의 평가 체계에서는 연구 업적으로 충분한 인정을 받지 못하고 있습니다.

정 의견을 달 때에는 원문을 그대로 둔 채 해당 부분이 문제가 되는 이유와 가능한 수정의 방식을 보여주는 예문 몇 개, 각각의 방식에 따라 수정할 시 독자가 읽기에는 어떤 차이가 있는지 등을 별도로 표기합니다. 그 후 필자와 수정 방향을 토의하며 어떻게 고쳐 발행할 것인지 결정합니다. 통상의 편집 과정에 빗대보자면 '과잉 편집'입니다만 서로를 위한 훈련의 절차라 생각하면 꼭 필요한 일들입니다.

실제로 약 반년 동안 연재를 진행하며 필자들이 건네는 초고의 구성과 문장, 표현 등이 눈에 띄게 좋아졌습니다. 글 전체를 놓고 봐도 정연함과 전달력의 향상이 느껴집니다. 사실 이 모든 변화는 필자들이 스스로 만든 것입니다. 글을 더 잘 쓰고 싶다는 생산적 욕망을 발견한 다음 괴롭고 지난한 훈련의 절차에 기꺼이 뛰어들어 그 반복을 감내함으로써 자신의 욕망에 충실하기로 결단하고 또 이를 실천하는 것은 필자들이니까요. 게다가 필자들과 글에 관한 이야기를 나누며 편집자도 배우는 바가 많습니다. 잡지를 만든다는 공동의 기획을 통해 우리는 직접 자신에게 필요한 것을 구하려 하고 있습니다. 각자의 글—비평을 전개할 지면을, 더 나은 글쓰기 역량을 위한 훈련의 절차를, 대학—학계의 울타리를 벗어나되 힐링이나 사이다 일변도의 '뻔한 대중성'으로 기울지 않는 양식을, 마지막으로 기꺼이 글 값을 지급하면서까지 우리의 문제의식과 해석, 판단을 보고자 하는 독자들을 조직합니다.

구하고자 하는 자가 직접 구한다. 이것이 잡지를 만들며 우리 모두가 함께 실현하고픈 최종 목표입니다. 우리 잡지의 이름은 『취향과 판단』입니다.

6. 힐링과 사이다가 대세인 세계에서의 글쓰기 ②: 절망편

욕망의 플랫폼과 플랫폼의 욕망

유튜브와 인스타그램은 간편한 이미지 편집과 업로드 환경을 제공하면서 사람들로 하여금 "직접 콘텐츠를 제작"[12]하여 "자유롭게 개성을 드러내고 일상적인 순간부터 삶의 특별한 순간까지 모든 소식을 공유"[13]할 것을 독려하고 이용자들은 이에 힘입어 자발적으로 무언가를 만든 후 전시합니다. 실상 창작 대 향유, 생산자 대 소비자의 구분이 무의미해진 지 오래입니다. 모든 이용자가 때로는 창작하고, 때로는 다른 이용자들의 창작물을 향유합니다. 플랫폼을 쓰는 데에는 돈이 들지 않습니다. 자기 창작물의 게시를 위해 플랫폼에 대가를 지급할 필요도, 누군가의 창작물을 보기 위해 그것을 올린 이용자나 플랫폼에

12. 구글 플레이 스토어의 '유튜브' 애플리케이션 공식 정보, 2023. 3. 3. (검색일: 2023. 3. 4.)

13. 구글 플레이 스토어의 '인스타그램' 애플리케이션 공식 정보, 2023. 2. 27. (검색일: 2023. 3. 4.)

돈을 낼 필요도 없습니다. 이것이 일반적 경향입니다. '자유로운 개성의 표현과 그 공유'라는 기치 아래에서, 창작하는 행위와 문화적 생산물의 향유는 노동과 화폐를 매개로 한 교환의 경제적 차원과는 무관한 절차인 양 진행됩니다.

그렇지만 플랫폼의 경제는 실재하며 활발하게 돌아갑니다. 플랫폼 위의 문화적 생산물과 이를 만든 이용자에게 대가로서 가장 먼저 주어지는 것은 양적 지표로 측정 가능한 관심입니다. 조회 수, '구독'과 '좋아요'를 누른 사람의 머릿수, 지속 시청 시간, 댓글의 개수 등이 관심의 양적 지표에 해당합니다. 이 시점까지 이용자의 창작 활동은 무상 노동입니다. 대중의 관심이 꽤 많이 축적된 후에야 이용자의 활동이 돈과 연결되기 시작합니다. 자신의 채널에 광고를 노출하거나 인지도를 바탕으로 한 행사, 강연, 타방송 출연 등의 부수적 활동을 수행함으로써 2차 수익을 얻는 것입니다. 창작물과 수익 사이에 정립되는 것은 어디까지나 간접적이고 느슨한 관계이며, 수익과 직접적이면서도 밀접한 관계 속에 있는 것은 구체적 인격으로서의 이용자가 획득한 대중의 관심입니다. 호감, 공감, 동조, 응원, '팬심' 같은 것들 말입니다.

최근 몇 년 사이에는 글을 전문으로 취급하는 플랫폼이 여럿 생겼습니다. 글쓰기 플랫폼의 작동 원리 역시 여타 디지털 플랫폼의 그것과 동일하여 이용자의 자발적이고 적극적인 무상 창작 활동에 의해 지탱됩니다. 그렇다면 그 무상 창작 활동을 지탱하는 것은 무엇일까요? 어떤 동기가 가장 강력할까요? 플랫폼의 등장 이전에도 글쓰기는 누구나 할 수 있는 일이었습니다. 일기나 편지를 쓰면 되니까요. 그러므로 글쓰기라는 수행이 곧 핵심은 아닙니다. 아마 사적 글쓰기가 아닌 관객이 존재하는 공개적 글쓰기의 기회가 플랫폼을 매력적으로 보이게끔 만드는 요인일 것입니다. 하지만 이는 보통의 SNS와 커뮤니티 사이트도 부족함 없이 제공해온 기회입니다. 그런 이유로 모 글쓰기 플랫폼은 사전 심사와 승인 절차를 거쳐 '작가' 자격을 얻은 이용자만이 글을 발행할 수 있으며 그러므로 양질의 콘텐츠만을 취급한다고 스스로를 차별화합니다. 바로 인정 욕구의 충족 기회를 전면화한 '브런치'입니다. 그냥 공개적 글쓰기가 아닌 작가라는 직함을 달고 수행하는 '공적 글쓰기'의 경험을 제공한다는 전략 덕분에 브런치는 빠르게 시장을 점유했고 월간 이용자 13만 명, 등록 작가 5만 명[14]가량을 확보, 글쓰기 플랫폼 업계 1위 자리를 차지할 수 있었습니다.

　그런데 플랫폼 수준에서 브런치가 제공하는 것은 공적 글쓰기가 아니라 그것을 하고 있다는 기분에 가깝습니다. 사업체에 지나지 않는 브런치의 작가 인증이 사회 상규 차원에서는 별다른 가치를 지니지 못한다는 사실을 이용자들도 곧 알아차립니다. "저는 브런치에서 연재하는 작가입니다.", "아, '블로거'시구나.", "아니요. 브런치는 일반 블로그랑 다르고요. 저는 작가 승인도 받았어요.", "무슨 책 쓰셨는데요? 알라딘이나 교보문고에서 찾으면 나와요?" 이런 식인 것입니다. 이용자들은 단순 연재 작가와 정식 출판 작가를 구별하고 후자, 즉 '자기 책'을 출판한 '진짜 작가'가 되는 것을 목표로 삼습니다. 이를 모르지 않기에 브런치는 출판사와 연계하여 매해 대상 수

14. 「[테크M 이슈] '모바일 출판시대' 이끄는 카카오 브런치…등록작가 5만명 넘긴 비결은」, 『Tech M』, 2022. 2. 16.

상 필자 5~10명을 작가로 데뷔시키고, 금·은상 수상자 30명 남짓에게는 소정의 출간 지원금을 시상하는 '출판 프로젝트' 공모전을 진행하고 있습니다. 출간 기회가 있을 것이라는 약속은 플랫폼이 더 많은 이용자를 자신의 자장 안에 묶어두기 위한 방편이 됩니다. 그것이 막연한 전망이든 아니면 구체화된 기획이든 출간의 기회를 내세우지 않는 글쓰기 플랫폼은 없습니다.

이처럼 글쓰기 플랫폼에서 자발적이고도 적극적인 무상 창작 활동이 성립하는 까닭은 공개적 장소에 글을 올림으로써 충족되는 인정 욕구와 언젠가 자신의 창작물이 정식 출판될지도 모른다는 기대가 결합하여 동력으로 작용하기 때문입니다. 이용자를 "작가님"이라, 이용자의 글을 "작품"이라 부르며 "당신의 이야기를 세상에 선보이"면 그것을 "책, 강연 등으로 확장"[15]해주겠다고 제안하는 글쓰기 플랫폼은 일반 블로그나 트위터, 페이스북에 글을 쓰는 행위를 통해 이루어지던 것보다 한층 세련되고 근사한 인정 욕구의 충족 경로를 제시합니다. 유튜브, 인스타그램과 마찬가지로 이곳에서도 이용자의 수행이 곧바로 수익과 연결되지는 않으며 양적 지표로 측정 가능한 대중의 관심을 모으는 것이 중요한 과제입니다. 그래서인지 이용자들끼리 서로의 글에 '좋아요'와 댓글을 품앗이해주는 모습도 보입니다. 유튜브와 인스타그램, 그리고 글쓰기 플랫폼의 차이는 전자가 '셀러브리티–인플루언서 되기'의 욕망을 부채질한다면, 후자는 '작가 되기'의 욕망을 추동한다는 것 정도입니다.

15. 브런치스토리, https://brunch.co.kr/

모든 공공적인 것이 자아를 위한 자원으로

오쓰카 에이지가 현대 사회의 지배적인 경향으로 꼽은 "자기 표현의 민주화"[16]를 염두에 두고 보면 이 차이조차도 세부 사항의 다양성에 지나지 않습니다. 자기 표현의 민주화는 첫째, 스스로를 드러내 보이고 싶어 하는 인간의 욕망, 둘째, 연쇄적 즐거움에 관한 우리의 수요, 셋째, 전자를 긍정하는 동시에 후자를 효율적으로 충족하는 기술적·문화적 조건(이를테면 플랫폼)의 종합입니다. 오늘날의 매체 환경은 과거 재력가와 연예인, 정치인 등 소수의 명사만이 가졌던 자기 표현의 기회를 모든 사람에게 열어젖혔습니다. 이에 더하여 이른바 명사들의 공적 활동과 그것이 동반하는 자기 표현의 부산물에 가깝던 대중의 관심 자체가 목적이 되면서 이목을 끌기 위한 온갖 행위가 노동으로 전환되기에 이릅니다. 이처럼 자기 표현의 민주화는 모두가 자기 표현의 욕망을 드러내고 충족할 수 있다는 기회의 '평등'과 '자유'인 동시에 모두 자기 표현의 욕망을 드러내고 충족해야만 한다는 '강제'로 작용합니다. 하지만 대다수 사람은 "자기 표현할 거리를 별로 가지고 있지 않"[17]습니다. 이 말을 한 오쓰카 에이지는 본인도 그렇다고 했습니다. 저도 마찬가지입니다.

플랫폼에 의해 글쓰기의 주체인 작가로 호명된 이들은 자기 표현의 자유이자 강제하에서 플랫폼의 생리에 맞는 글을 생산해야 한다는 난제를 마주합니다. 말

16. 오쓰카 에이지, 『감정화하는 사회』, 선정우 옮김, 리시올, 2020, 72쪽. 책에서는 주로 "자기표출"이라는 단어를 사용하며 이것이 "근대적 자아와 한 몸"인 "자기 표현"과 동일한 의미임을 밝히고 있습니다.

17. 같은 책, 77쪽.

할 것이 없어도 말해야 한다는, "억압화된 욕망"[18]에 사로잡히는 것입니다. 필연적으로 쓰는 쪽과 읽는 쪽 모두에게 '편리한' 글이 양산됩니다. 자전적 주제가 감성 에세이, 자기 계발, 꿀팁 전수의 세 가지 분류 중 하나와 결합한 글이 그런 글입니다. 내 일상, 내 우울증, 내 MBTI, 내가 간 여행, 내 직장 생활, 내 퇴사, 내 창업, 내 다이어트와 한 달 식단, 내 가계부의 수입·지출 내역…. 읽는 이도 편합니다. '공감한다, 유익하다, 위로나 도움이 된다.' 등의 즉각적 감상을 느끼는 것만으로 마치 독해를 성공적으로 완수하고 무언가를 알거나 이해한 듯한 기분을 얻을 수 있기 때문입니다. 요컨대 플랫폼에서는 모든 수행의 중심에 '나'와 '나의 기분'이 있습니다. 내 이야기가 공적 가치를 지닌다는 기분, 내가 수행하는 글쓰기가 공적 글쓰기라는 기분, 최종으로는 내가 내 책을 가진 작가라는 기분 등이 플랫폼의 주력 상품인 '자기만족적 즐거움'에 포함됩니다.

짚고 넘어갈 것이 있습니다. 첫째, 자전적 주제는 잘못이 없습니다. 앙드레 지드, 헤르만 헤세, 아니 에르노를 위시한 여러 대가가 자전적 소설을 썼으며 에세이, 특히 경수필miscellany은 아예 주관성을 밑바탕으로 삼는 산문입니다. 둘째, 자기 표현의 욕망도 잘못은 없습니다. 이는 그저 자아의 떼어낼 수 없는 한 부분일 따름입니다. 셋째, 모든 글이 복잡한 구조나 심오한 진리, 고통스러운 성찰을 동반할 필요도 없습니다. 시, 소설, 수필, 좀 더 넓은 의미에서의 산문, 비평 등 글에는 다양한 장르가 있으며 장르 사이에 존재하는 것은 우열의 위계가 아니라 형식과 내용에 관한 규범의 차이뿐입니다. 글쓰기 일반에   18. 같은 책, 78쪽.

서 핵심은 주관성을 절대화하지 않으면서 재현하고 자기 표현의 욕망을 적절히 승화하는 전략, 그리고 글이 갖춰야 할 텍스트로서의 요건을 충족하는 일입니다.

자전적 소설, 에세이와 자기 감정이나 단상을 여과 없이 토로하는 '나 본위의 글'은 다릅니다. 자전적 글쓰기의 경우 그 출발점은 나지만 쓰는 과정을 거치며 날것 그대로의 주관성을 최대한 갈무리하고, 그렇게 가공된 '자기'가 하나의 문학적 형상으로서 보편성을 담지하는 것을 목표로 삼습니다. 결국 자전적 글쓰기는 나를 자의식의 울타리에 가두지 않고 세계에 거듭 연결하려는 시도인 것입니다. 이 시도는 자전적 장르에 관한 이해와 본인만의 관점, 더 정확한 쓰기를 위한 훈련, 끝없는 자기 객관화, 타인과 자신 안의 타자성에 관한 인식 등을 포함합니다. 그리하여 잘 쓴 자전적 글에서는 그것을 처음 촉발한 개인의 정체성이 더는 중요하지 않다는 아이러니를 발견할 수 있습니다. 읽히는 순간 글의 운명은 독자의 손에 떨어지고 그 후에는 기존의 공적 영역, 이를테면 지식이나 담론의 체계 또는 하나의 업계 안에서 그 글의 기능은 무엇이며 어떤 효과를 산출하는가가 중요합니다. 세계의 일부로서 남는 것은 오직 글-작품이요, 작가라는 구체적 인격은 아무래도 좋을 하찮은 것이 됩니다. 반면 나 본위의 글은 공적 영역과 그것을 구성하는 여러 규범을 자아실현을 위한 자원으로 소용합니다. 지극히 사적인 것을 공적인 것, 바꿔 말하자면 '보편적인 것'의 차원으로 끌어올리는 것과 그 반대의 경우인 공적 규범들을 사적 욕망의 발아래 놓는 것은 완전히 다릅니다. 요는 자전적 주제를 전유하고 자기 표현의 욕망을 다룸에 있어 자신을 파국으로 몰아가는 선택을 하도록 플랫폼이 글쓰기를 이끈다는 것입니다.

무규범의 플랫폼, 생산적이거나 대안적일까

아래는 이른바 '청년 스타트업'의 일환으로 생겨난 글쓰기 플랫폼 '리드텍스처'의 대표가 인터뷰에서 밝힌 창업 계기입니다.

> "어떤 것이든 글을 통해 자신의 기록물을 남기는 일은 의미 있는 작업이고 누구나 할 수 있다. 하지만 어딘가에 글을 쓰고 싶어도 기존의 플랫폼들은 작가가 되기는 힘들거나 혹은 작가로서 수입을 내기 어려운 구조. 혹은 특정 장르에 편중되어 원하는 글을 써서 작가가 되기가 현실적으로 힘든 상황이기도 하다. 또한 한국에 존재하는 '등단 시스템'이 '문단 권력'이라는 폐해를 낳아 발생하는 사회적 문제도 있다. 그래서 이러한 부분들을 해소할 수 있는 온라인 플랫폼 '리드텍스처'를 기획하게 되었다."[19]

리드텍스처뿐 아니라 거의 모든 글쓰기 플랫폼이 위와 같은 의식을 보여줍니다. 자유와 개방성으로 충만한 글쓰기의 새로운 대안적 영역을 만들어 폐쇄적이고 규범적인 기성 체계의 한계를 해소한다는 플랫폼의 기치는 '문제에 대해 사고하기를 멈추는 사

19. 「누구나 작가가 되는 세상을 꿈꾸다」, 『이슈메이커』, 2022. 1. 4.

고'와 '비약하는 사고'의 전형입니다. 여기에는 선행되어야 할 질문의 절차가 빠져 있습니다. 모든 기록이 의미를 지닌다는 것과 모든 기록이 출판될 수 있다 혹은 되어야 한다는 것은 동일한 말인가? 시장의 특정 장르 편향을 없애면 작가가 되기는 쉬워지는가? 그 전에 작가가 되기는 왜 쉬워져야만 하는가? 누구나 작가가 될 자유는 글과 책, 집필 노동, 그리고 세계의 처지를 이전보다 더 낫게 만드는가? 플랫폼이 등단 시스템과 문단 권력의 한계를 해소할 수 있는가? 아니, 플랫폼은 권력의 문제로부터 자유로운가? 다 떠나서 '내가 좋아하고 내가 하고 싶으니까.'라는 이유만으로 한 직업 세계의 문이 나를 향해 당연한 듯 열려야만 하는 것인가?

플랫폼은 기성 체계를 해체, 재구성하지 않습니다. 플랫폼에서는 파괴적 새로움도, 대안도 찾아보기 어렵습니다. 말하자면 이런 것입니다. 기성 체계와 플랫폼 모두에서 다수의 지망생 중 아주 적은 인원만이 작가로 등단합니다. 책을 내고 싶어 출판사에 원고를 보낸 이들 전원이 꿈을 이루지는 못하는 것처럼 최소 5만 명 이상으로 추산되는 브런치의 출간 작가 지망생 중 출판 프로젝트를 통해 책을 내는 인원은 소수입니다. 꾸준히 글을 올리는 성실성만으로 글쓰기를 잘하게 되는 것도 아니고 잘 쓴다고 해서 반드시 인정 받는 것도 아닙니다. 잊을 만하면 대두되는 '베스트셀러 논란'이 보여주듯 좋은 글은 반드시 출판되어 잘 팔린다는 법도, 베스트셀러에 올랐다고 해서 그것이 좋은 글이라는 보장도 없습니다. 플랫폼이 해소하겠다는 '모순'은 오히려 플랫폼에서 똑같이, 더 정교하고 강력한 원리에 따라 작동합니다.

글의 다양성을 억압한다는 측면에서 본다면 플랫폼이 더 해로울 수도 있습니다. 이미 앞에서 살펴본 것처럼 플랫폼에서는 읽는 이와 쓰는 이 모두에게 편리한 글이 이목을 끄는 데 유리하고 더 나아가 그렇게 축적된 관심의 양은 출간 이후의 시장성을 점치는 척도가 됩니다. 플랫폼은 수십 개가 넘는 항목에 따라 이용자들의 글을 분류하지만 결과적으로 강화되는 것은 단 하나의 장르, 나 본위의 글로의 편향입니다. 개방형 플랫폼과 폐쇄형 플랫폼 모두 마찬가지입니다. 이에 더하여 플랫폼은 '양질의 콘텐츠를 제공'한다는 기치가 무색할 정도로 공적 글쓰기가 의식해야 할 규범들, 그러니까 어문 규정부터 내용·과정·표현의 윤리와 완성도 등에 무심합니다. 이런저런 규범을 강조하는 것이 사업상 이점으로 이어지지 않기 때문입니다. 이용자들에게 엄밀한 글쓰기와 높은 완성도의 글을 요구할 경우, 플랫폼은 몇 가지 곤란과 마주하게 됩니다.

우선 플랫폼 스스로가 자기 콘텐츠의 상품성을 와해하게 된다는 점을 들 수 있습니다. '작가가 된 기분', '공적 글쓰기를 수행한다는 자기 효능감'이 선사하는 즐거움이 곧 글쓰기 플랫폼의 콘텐츠입니다. 이 와중에 글을 쓰는 자아의 추상적 상대이자 비非자아로서의 타인이 아닌, 구체적 타인의 시선이 등장해 글을 평가하거나 수정이 필요한 부분을 지적한다면 이용자들은 더는 즐겁지 않을 것입니다. 여기서 글에 대한 판단을 내리는 타인의 시선이란 그 업무를 수행하는 별도의 노동력의 존재를 암시하며 이는 플랫폼이 지출해야 할 비용이 증가한다는 뜻이 됩니다. 또한 글이 준수해야 할 규범과 기준을 부각할수록 글쓰기의 노동으로서의 성격도 함께 뚜렷해지며, 이에 따라 이용자와 플랫폼의 관계가 실질적인 도급 계약의 형태에 근접합니다. 플랫폼을 지탱하던 이용자들의 자발적 무상 노동이 와해될 위기에 처하는 것입니다. 그러므로 플랫폼에서의 글쓰기에는 '무규범의 규범'만이 남고, 규범을 지키지 못하는 미숙함마저 자유롭고 솔직한, '나다운' 글쓰기의 한 면모로 간주됩니다. 그렇지만 '장르 비틀기'나 실험적 시도조차 기존 규범에 관한 의식과 이해 위에서 이루어지는 것이지 아무렇게나 해버려서 되는 것이 아닙니다.

비슷한 맥락에서 문단의 원로와 대형 출판사를 중심으로 한 문단 권력이 '장편보다는 단편, 스토리보다는 문장, 서사보다는 묘사'와 같은 획일적 기준에 따라 문학상 제도를 운영[20]함으로써 글의 다양성을 억압한다면, 플랫폼은 얼마나 많은 이용자의 주목을 끄느냐는 기준에 천착함으로써 비슷한 효과를 산출합니다. 플랫폼의 존재와 그곳에서 이루어지는 글쓰기가 문예지와 문학상의 권위에 생산적 위협이 되는지도 의문입니다. 문예창작(학)과에서 힘든 시간을 견디며 기예를 갈고닦았을 작가 지망생들이 "이제 플랫폼이 등장했으니 만해문학상이고 백석문학상이고 다 필요 없다! 플랫폼에서 작가가 되어야지!"라는 생각을 할까요? 플랫폼 안에서도 일반 연재 작가와 정식 출간 작가가 구별되는데, 하물며 본격적인 문인 사회에 속한 문학상 수상 작가와 플랫폼 데뷔 작가 사이의 위계는 왜 생기지 않겠습니까. 등단 시스템과 문단 권력의 한계를 지적하는 것은 좋으나 그 해소 방안으로 플랫폼의 생성과 확대를 꿈는 것은 너무나도 편리한 '만능주의'입니다.

20. 「작가 천명관·손아람 '문단 권력' 날선 비판 "출판사·언론·대학의 카르텔이 '문피아'돼 작가 길들이고 지배"」, 『경향신문』, 2015. 7. 2.에서 참조.

플랫폼 안에서 비평하기

플랫폼은 글을, 더 나아가 글쓰기 자체를 콘텐츠로 전유합니다. 앞에서 사용한 '편리한 글'이라는 표현이 콘텐츠가 된 글을 가리킵니다. 지금까지 살펴본 바와 같이 콘텐츠의 목표는 유저에게 즐거움을 선사하는 것입니다. 이 즐거움에는 무언가를 알게 되었다는 느낌 혹은 이해했다는 기분까지 포함[21]됩니다. '한국인이 좋아하는 속도'로 꿀팁이나 재미있는 정보들을 전달하는 쇼츠, 줄거리와 주요 장면, 결말을 짧게 요약함으로써 보지 않은 책이나 영화를 본 것처럼 느끼게 해주는 리뷰 영상, 각종 커뮤니티 게시판에 하루에도 수십 개씩 게시되는 '소름 썰', 분노 주의 '진상 썰', 빌런 '참교육 썰'이나 사이다 후기 등이 그 예입니다. 콘텐츠의 즐거움은 즉각적인 감정적 반응만으로도 괜찮다는 인정, 감정적 반응을 매개로 보장되는 욕망의 평등한 충족, 대상과 세계를 잘 파악하고 또 관계 맺고 있다는 자기 효능감의 선사에서 비롯합니다. 콘텐츠를 만드는 쪽과 소비하는 쪽이 함께 만드는 즐거움의 연쇄는 훼손되지 않습니다. 공짜 즐거움이기도 하고요.

안타깝게도 비평은 플랫폼에 어울리지 않는 장르입니다. 비평의 특성과 목적은 콘텐츠의 그것과 정반대입니다. 미결의 문제가 은폐된 사회를, 또한 텍스트의 이면과 그곳에서 끄집어 올린 불온한 질문들을 다루는 이상 형식이자 내용으로서의 비평에는 복잡성과 난해함, 개운하지 못한 뒷맛 같은 '불쾌'가 깃들 수밖에 없습니다. 게다가 특정 대상이나 현상에 관한 못마땅함에서 출발

21. 오쓰카 에이지, 앞의 책, 46쪽 참조.

하더라도 비평은 이성적 사고와 언어를 추구해야 합니다. 이성의 지평 위에서 불화의 감각을 분석, 해명하는 가운데 처음의 못마땅함을 단순한 개인의 감정적 반응이 아닌, 중요한 공통의 논점에 관한 성찰을 이끄는 질문의 계기로 재구성하는 일, 이것이 비평의 과제입니다. 결국은 비평이 (늘 그랬지만 요즘의 기준에 따르면 더욱) '노잼'인 장르이고, '꿀잼' 콘텐츠들과 비교했을 때 유저들의 눈길을 사로잡고 독자가 되도록 유인할 만한 매력이 전무하다시피 하다는 말입니다.

　그런 데다 우리 웹진은 독자들에게 구독료까지 받습니다. 플랫폼 '북이오' 측의 원칙이 "광고 수익 없이 100퍼센트 구독료로 운영"이었고 저도 이에 동의했습니다. 심미적 이유가 가장 컸습니다. 광고가 들어가면 어수선합니다. 본문을 가리는 형태도, 어느 한구석에서 반짝거리는 형태도 똑같이 싫습니다. 비평은 쓰는 이만큼 읽는 이도 높은 집중력을 발휘해야 하는 장르입니다. 그런즉 그것이 실리는 지면 위에는 글과 잘 고른 삽화 두어 개 정도만 있는 것이 좋습니다. 더구나 소재가 무엇이든 종국에는 특수한 사회 경제 체제에 의해 재현된 세계에 관한 성찰을 피할 수 없는 비평이 끝없는 상품 소비의 욕망을 계발, 긍정함에 따라 현 상태를 강화하는 데 상당한 역할을 담당하는 광고와 한 지면을 공유하는 것은 어색한 일이라고 여겼습니다. 물론 광고 수익을 배제했다고 해서 우리 잡지가 상품 경제의 질서로부터 자유로운 것은 아닙니다. 생활 용품이든 예술이든 지금의 세계에서 타인에 의해 쓰임으로써 일정한 효과를 불러일으킬 여지를 지닌다 함은 곧 그것이 상품의 형식에 포섭됐다는 의미입니다. 그래도 광고를 넣는 것까지는 하기 싫었습니다.

　동일한 맥락에서 플랫폼 특유의 경제적 질서를 전면 수용하는 것보다는 필자와 글, 독자 사이에 직접적이며 가시적인 관계의 흔적이나마 보존하는 편이 더 낫다고 봤습니다. 이것이 현재 비평, 더 나아가 글 전반이 처한 위기에 대해 유효한 해결책이나 대안이라고 생각하지는 않습니다. 다만 글 값은 0원에 수렴하고, 기약 없는 무상 노동 속에서 재화로서의 관심을 모으는 일에 많은 주의를 기울여야 하고, 그 관심을 일반 작가 지망생이나 플랫폼 연재 작가와는 차별화된, 정식 출간 작가라는 상징 자본과 교환하는 데 성공한 소수만이 '실용적 지식을 전파하는 구루'가 되어 살아남는, 이러한 경향을 심화하는 데 앞장서는 것이 분명한 선택을 할 수 없었을 뿐입니다. 황폐한 광야에서 홀로 웃는 자가 되는 결말은 썩 달갑지 않습니다. 쓸쓸하고 겸연쩍은 일일 것 같아 심미적으로나 윤리적으로나 구미가 당기지를 않습니다.

　그렇지만 타협은 했습니다. 월 구독료를 부가세 포함 3,300원으로 책정했거든요. 결과적으로 글 값이 저렴해지는 데 일조한 격입니다. 이것보다 비싸면 안 팔릴 것 같았습니다. 필자들에게 공동 작업을 제안할 때에는 "원고의 축적과 글쓰기의 숙련에 더 의의를 두시죠. 저도 큰 상업적 성취까지는 기대 안 합니다."라며 초연한 척했지만 속마음은 전혀 그렇지 못했습니다. 아무리 필자들이 저 취지에 동의하여 경제적 보상을 우선시하지 않는다고 한들 저까지 무심해서는 안 될 노릇이기도 했고요. 구독자와 조회 수의 증감을 구체적 숫자로 보기 시작하면 좀체 무심해질 수도 없습니다. 그래서 당분간 교정, 편집 노동과 원고에 관한 제 인건비는 셈하지 않기로 했습니다. '착한 마음' 같은 낭만적 덕목에 입각한 결정은 아니고요. 영세 자영업자들과 비슷한 전략을 택한 것뿐입니다. 동기와 목적이 어찌 되었든 결과적으로 제가 하는 일 역시 앞서 비판적으로 논했던 자발적 무상 노동에 해당하긴 합니다.

타협하지 못한 지점도 있습니다. 장르와 글이 담보해야 할 완성도 일반에 관한 기준입니다. 비평-글쓰기가 생산하는 것은 친절한 글, 실용적 정보로 가득 찬 글이 아니라 하나의 '계기'입니다. 그 계기로부터 자기만의 사유를 이끌어내는 일은 전적으로 독자의 몫입니다. 앞의 '희망편'에서도 사용한 비유인데, 글의 완성도에 관한 기준을 고수하는 것은 의자를 만드는 목수의 마음가짐과 비슷합니다. 내가 만들어 광장에 내다 놓은 의자를 가지고 무엇을 할지는 그곳에 앉는 사람이 결정할 몫입니다만 아무튼 만들어낸 결과물이 앉아서 무언가를 할 수 있다는 의자로서의 기능은 담보해야 합니다. 하중을 견디는지, 제대로 서는지, 못이 튀어나온 곳은 없는지 검품하듯 필진과 편집 의견을 주고받으며 구성이 정연한지, 서술은 정확한지, 빼거나 더할 내용은 없는지를 검토합니다. 이것이 자아를 위한 관심의 축적이라는 동기를 넘어서 타자성을 의식하는 글쓰기이며 독자에게 복종하지 않되 독자를 배려하는 방법이라 믿습니다. 따라서 타협하지 못했다기보다 '플랫폼의 경제적 질서에 포섭되기 어려운' 지점이라 말하는 편이 더 정확할 것입니다. 이 기준은 각 필자와 편집자의 공통 감각 속에서 거스를 수 없는 최소 규범으로 작동합니다.

드러나지 않지만 중요한 글쓰기 노동

지금까지 여러 대목에서 작가 대신 '직업으로 글을 쓰는 사람'이라는 다소 어수선한 명칭을 사용한 까닭은 대개의 경우 작가라하면 몇몇 특수한 형태의 글쓰기 노동에 종사하는 이들의 범주만을 떠올리기 때문입니다. 대표적으로 소설, 수필, 영화와 드라마 각본 등 창작 계열의 글쓰기에 종사하는 사람들을 들 수 있겠습니다. 어떤 장르가 되었든 출판사와 출간을 계약하고 단행본을 낸 이력이 있다면 작가로 불리기도 합니다. 하지만 글쓰기 노동은 작가만의 전유물이 아닙니다. 예를 들어 저는 직업으로서의 글쓰기에 종사하지만 누군가가 저를 작가라고 부를 때에는 몸에 맞지 않는 옷을 입은 양 어색한 기분이 듭니다. 제가 수행하는 글쓰기 중 일부는 통념상 작가의 활동과 비슷하지만 나머지는 그렇지 않습니다. 예를 들어 단행본이나 웹진을 위한 글을 쓰는 순간에는 스스로를 작가로 분류할 수 있나 싶다가도 제 작업의 다른한 축인 연구 논문과 보고서, 발표문이나 토론문 등을 쓰다 보면 그러한 생각을 거두게 됩니다.

『취향과 판단』의 시도조차 특수한 욕망에 사로잡히는 것이 가능한 주체의, 한정적 범주의 글쓰기 노동에 대해서만 유효합니다. 여기서 특수한 욕망이란 '경계境界에 서는 것'을 향한 욕망입니다. 학문의 체계에 속한 연구자, 자기 연구 결과를 통속적인 언어로 옮기는 번역가, 이 언어를 가지고 불특정 다수의 독자에게 직접 말을 건네는 활동가의 세 가지 형상을 동시에 지니고자 하는 이들이 플랫폼 특유의 상업적 질서에 적응해가며 수행하는 글쓰기로 구성되는 것이 『취향과 판단』입니다. 연구자이자 번역가이자 활동가가 된다는 것은 각 활동의 경계에 선다는 뜻입니다. 그러한 경계인의 정체성에는 항시 가능성과 한계가 공존합니다. 현 상태가 상상하지 못했던 새로움을 만들어낼 수도 있으나 자칫 이도저도 아닌 어정쩡함에 그칠 공산도 큰 것이 경계에 대한 욕망의 가능성이자 불가능성입니다.

마냥 통속적 언어로 번역되기 어렵거나 시장의 관심을 끌 여지가 적은 글쓰기 노동의 결과물들은 그 실제 중요성과는 무관하게 상업적 질서 내에서 무가치한 것으로 치부되기도 합니다. 플랫폼에서 독자들을 조직함으로써 글의 의의를 증명, 강조하고 이른바 '글 값'으로 글쓰기 노동이 생산하는 가치에 관한 공통 감각을 구성한다는 식의 지향은 기초 학문에 헌신하는 연구와 논문, 새로운 담론의 도입에 결정적 역할을 하며 고난도의 글쓰기 노동에 해당하는 번역 등이 마주하는 난관을 다루지 못합니다. 대중을 상대로 하는 지면에서의 비평 글쓰기와 기초적이고도 본격적인 학문 연구·번역은 별개라고 생각할 수도 있습니다. 그러나 비평과 이를 견인하는 비판적 관점은 항시 후자에 큰 빚을 지고 있으며 그것들 없이는 성립조차 될 수 없습니다.

어떤 미묘한 시기를 지나면서

자기 표현의 욕망과 이를 실현하기 위한 행위의 무한한 긍정, 무엇이든 소망할 수 있는 자아와 그 소망을 마음껏 펼칠 무대를 품은 플랫폼은 얼핏 실존적 자유와 기회의 풍요가 가득한 이상향처럼 보입니다. 그러나 실상은 폐허가 되기 일보 직전인 공유지에서 남은 자원을 조금이라도 더 가져다 쓰기 위해 모두가 각축을 벌이는 각자도생의 장에 더 가깝습니다. 사람들은 작가가 되면 행복해질 것이라는 환상을 좇습니다. '브런치 작가에게 배우는 브런치 작가 되는 법', '100퍼센트 출판을 보장하는 내 책 쓰기 프로젝트', '작가로 나를 브랜딩하고 연 매출 8천만 원 벌기'와 같은 강의 상품들이 강의 플랫폼에서 작가 되기의 환상을 좇는 사람들을 뒤쫓습니다. 글쓰기 강의의 판촉이 '성장', '긍정적 DNA', '자아실현', '버킷 리스트', '퍼스널 브랜딩', '창업형 인간' 등의 키워드를 포함하는 것은 놀랍지 않은 일입니다.

그리하여 전개되는 것은 "욕망에 대한 세련된 선동과 상업 광고의 조잡함 사이의 융합"이 일어나는 "연극적 장소"[22]입니다. 텍스트의 실질적 공공성과는 동떨어진 이 장소에서 '작가'는 목적 없는 형식이자 자아를 수식하는 이력으로, '책'은 작가라는 이력에 후광을 더하는 굿즈로, '독자'는 자아의 옹립에 필요한 비자아로 존재합니다. 대체로 그러합니다. 특히 읽는 인구는 극히 적은 데다 가파르게 감소하는 와중에 작가 지망생만 늘어나는 현 상황은 플랫폼 이후 도래할 것이 '텍스트의 재부흥'은 아님을 방증합니다. 몹시 느슨한 글쓰기조차 양적·질적 측면 모두에서 치열한 읽기를 전제로 한다는 점을 고려하면 이는 명백히 기이한 현상입니다. 모두 자신이 주인공인 잔치를 벌이는 일에만 몰두할 뿐 어느 누구도 남의 잔치에 들러 어떤 일이 벌어지는가를 살피지 않는 격입니다.

22. 알랭 바디우, 『오늘날의 포르노그라피』, 강현주 옮김, 북노마드, 2015, 20쪽.

그렇다면 이제 플랫폼 탓에 다 망한 것일까요? '글 또는 책의 위기'를 진단하는 담론은 플랫폼의 등장과 활성화 이전부터 제기됐습니다. 플랫폼의 상업적 질서가 공적 발화와 글쓰기, 출판 가능성의 판단에 더욱 강화된 "합의추구적인 권위"를 준거로 도입한 결과 쓰는 이와 읽는 이 양자의 수동적 욕망을 충족[23]하는 편리한 글이 일반화되었지만 그럼에도 편리하지만은 않은 글을 쓰려는 시도는 사라지지 않았습니다. 그 시도가 이루어지는 장소 역시 플랫폼입니다. 비평의 꿈, 그러니까 지배 질서의 내부에 하나의 요소로서 실재하면서 해당 질서로부터의 해방을 꿈꾼다는 것은 풀기 어려운 딜레마입니다. 하지만 비평이 잠시 몸을 피해 다른 방책을 도모할 장소로서의 '질서 바깥'은 존재하지 않으며 하루 이틀 안에 플랫폼과 소비 자본주의를 철폐한 후 새로운 대안적 구조를 세우기는 어려우니 당장의 할 일을 할 따름입니다. 스스로 결단하여 문제적 상황의 안쪽에 머무르되 그 상황을 돌파, 재구성하는 계기로서의 균열 비슷한 무언가가 되는 길을 탐색하는 일이 그것입니다.

우리는 과도기에 있습니다. 기존의 규범이 이제 유효하지 않은, 그렇지만 새로운 규범은 마련되지 않은 이행의 시기를 지나고 있는 것입니다. 결국 과도기의 쟁점들은 누가, 어떤 규범을 창조할 것이냐는 문제로 수렴합니다. 아직까지는 자본의 질서가 글쓰기에 결부된 공공적인 것들에 관한 규범을 거의 전적으로 결정하고 있습니다. 향후 글쓰기가 지속된다면 이는 "새로운 규범의 창조를 통한 질서의 역전 가능성을 제기하는 개입"[24]으로서의 실천을 지향

23. 같은 책, 45쪽에서 인용과 참조.

해야 할 것입니다. 특히 직업으로서의 글쓰기를 희망하거나 수행하는 사람들은 이러한 의무를 외면할 수 없습니다. 작가라는 형상은 오직 그의 읽는 눈과 쓰는 손을 빌려 글쓰기가 새로운 공동의 것을 마련하는 데 계속 충실할 수 있게 하는 수단의 차원에서만 의미를 지닙니다.

24. 알랭 바디우, 『투사를 위한 철학』,
     서용순 옮김, 오월의봄, 2013, 18쪽.

7. 선생님, 글을 못 쓰는 병도 있나요?

어느 순간 글을 못 쓰는 사람이 되어버렸습니다. 심할 때에는 종일 한 글자도 제대로 적지를 못했습니다. 겨우 몇 마디를 써 놓고도 이건 아니다 싶어 지워버리기 일쑤였고요. 제가 쓴 모든 글이 그 의미가 불분명하거나 난삽한 소리처럼 보였고 논리 면에서는 파국적, 미감 면에서는 절망적이라고 느꼈습니다. 대체 왜 글을 쓰지 못하는 걸까. 더 나아가 나는 무엇인가. 글 쓰는 것밖에 할 줄 모르는데 글을 못 쓰고 있다면 그런 나는 쓸모없는 존재인 것 아닐까. 글을 쓰지 못하게 된 이후 매일의 일과는 컴퓨터를 켜놓고 깜빡이는 커서를 바라보며 이러한 의문들에 대해 고민하는 것뿐이었습니다. 의문에 사로잡힌 시간이 길어질수록 글쓰기는 더 어려워지고 글쓰기가 어려워지면 의문은 더 강화되고….

처음에는 집필이 불가능하게 됐음을 인지한 그 당시 쓰던 글이 문제라 생각했습니다. 이 책을 쓰고 있었거든요. 제가 저에 관한 이야기를 하는 게 낯부끄러운 데다가 개인적 경험과 상념들을 경유하되 결국은 보편적으로 유의미한 지점에 도달해야 한다는 목표, 이에 더하여 평가와 해석의 권한이 제 것이라 할 수 없는 조직의 활동을 다룬다는 난점 때문에 글쓰기가 힘든 건가 싶었죠. 하지만 다른 주제의 원고를 청탁 받아보니 이도 잘 안되기는 마찬가지였습니다. 그렇다면 노동조합에서 일하는 동안 수행했던 글쓰기에 너무 익숙해진 나머지 성명서나 인사말이 아닌 장르의 글을 쓰는 법을 잊었나? 그럴 리는 없습니다. 어떤 글이든 쓴다는 활동의 근간은 동일하니까요. 정연한 성명서나 인사말을 쓸 수 있는 사람은 정연한 에세이나 비평도 쓸 수 있을 것입니다.

1년 6개월가량 글을 못 쓰는 상태가 지속되며 일상에 많은 지장이 생겼습니다. 직업이 글쓰기인데 생산성이 0에 수렴하니 삶 전반이 제대로 돌아갈 수 없었던 것입니다. 쓰려는 시도와 좌절의 경험만이 반복되면서 기분도 몹시 나빴습니다. 전문가의 도움이 필요한 상황일지도 모른다는 생각이 들었고 이 모든 것이 정신적 문제라 판단한 끝에 정신건강의학과 전문의를 찾아갔습니다. 정신과에 방문하는 것에 대한 거부감은 없었습니다. 열감기에 걸리면 내과에 가고 결막염에 걸리면 안과를 가듯 정신적 영역에서 어려움을 겪는다면 정신과를 가는 게 자연스러운 일이니까요. 오히려 의사를 만나 제가 직면한 문제를 어떻게 설명해야 할지가 곤란한 지점이었습니다. 대뜸 "선생님, 집필불가능증이라든지, 그런 글을 못 쓰는 병도 있습니까? 제가 바로 그 병에 걸린 것 같아서요."라고 하면 좀 이상하잖아요.

아무튼 다소 이상하게 보이는 것을 감수하고 첫 면담 시간에 있는 그대로의 고민을 털어놓았습니다. 그리고 글을 못 쓰는 병이 있는지를 물었습니다. 의사의 설명에 따르면 글을 못 쓰는 상태를 진단명으로써 정의할 수는 없었습니다. 즉 병은 아니라는 것입니다. 하지만 이를 증상으로 이해할 수는 있다고 했습니다. 예컨대 감기에 걸리면 코막힘이나 발열 등의 증상이 나타나고 이처럼 관찰 가능한 증상들을 단서로 바이러스때문에 감기에 걸렸다는 진단을 도출할 수 있습니다. 마찬가지로 글을 못 쓰는 상태 자체는 병이 아니지만 다른 심층적 원인을 암시하는 증상일 수 있을 것입니다. 의사는 당장 글을 쓸 수 있게 만드는 대증요법—이런 방법이 있을 리도 만무하지만—을 시도하는 대신에 글쓰기를 불가능하게 만드는 제 내면의 심층적 원인을 탐색하고 싶어 했습니다.

　이후로는 주기적으로 병원을 찾아 이런저런 검사와 면담을 진행했습니다. 포괄적으로는 지난 1~2주 동안 어떻게 지냈고 특기할 만한 사건이나 생각, 감정이 있었는지 등을, 세부적으로는 글을 쓰는 과정에서 어떤 종류의 어려움을 겪었는지를 묻고 답했으며 전주에 실시한 검사의 결과 가운데 특기할 만한 부분에 대해 이야기를 나누기도 했습니다. 이는 기본적으로 의사가 저를 분석, 진단하는 것이 목적인 절차입니다. 하지만 그에 못지않게, 아니 그보다 훨씬 더 스스로 자신의 내면을 들여다보는 것이 중요하겠다 싶었습니다. 자신의 비밀을 발견하기가 타인이나 외부 대상의 비밀을 발견하기보다 어렵지만 그 비밀의 어렴풋한 형태를 마주하는 것만으로도 많은 것이 달라지리라는 점은 분명했으니까요. 이를테면 글을 쓰거나 강의할 때마다 강조해온 '자기 분석'의 한 형태를 직접 실천할 기회가 온 것입니다. 실제로 의사와 지속적으로 면담하며 글쓰기를 어렵게 만드는 심층적 원인에 관한 몇 가지 단서를 모을 수 있었습니다.

첫 번째 단서는 비슷한 의미를 지닌 여러 단어 가운데 무엇을 채택할까 고민하며 너무 많은 시간을 쓰는 데다가 고민 끝에 하나를 고르더라도 그보다 더 나은 선택지가 있을지도 모른다는 생각을 떨치지 못한다는 사실입니다. 예를 들어 "나는 그 일을 하기로 OO했다."라고 쓸 때, 저 OO 안에는 결정, 결단, 결심 등이 들어갈 수 있습니다. 모두 '마음을 먹었다'는 의미를 지시하는 단어들입니다. 하지만 결정은 분석이나 관찰로써 파악 가능한 객관적 상황에 관한 행위이고 결단은 상황의 객관성을 넘어서는 인간의 의지와 밀접하게 연결되어 있는 듯 보입니다. 결정과 결단은 개인과 집단 양자 모두의 행위나 결심은 사적 영역 안에서만 이루어집니다. 따라서 조건이 비슷한 두 가지 일자리 중 하나를 고르는 것과 같은 경우에는 '결정'을 하고 객관적으로 보았을 때 잘될 가능성이 낮지만 해야만 하는 일이기에 그것에 뛰어들기로 마음먹는 순간에는 '결단'을 합니다. 그리고 저는 새해 계획을 잘 지키기로 '결심'하지만 조직은 사업 계획의 방향성과 실행 여부를 '결정'하거나 '결단'합니다.

제가 느끼기에 결정과 결단, 결심의 셋 사이에는 간극이 있습니다. 언중의 공통 감각 역시 막연하게나마 그러한 간극을 인지할 것입니다. 따라서 문장의 어떤 위치에 적합한 단 하나의 단어를 찾는 일은 전하고자 하는 의미를 글로써 분명히 나타내기 위한 노력 중 가장 기초적 수준에 해당한다고 믿습니다. 어느 순간부터 저는 한국어가 모국어임에도 국어사전 없이는 글을 쓰지 못합니다. 처음 선택한 단어의 사전적 정의를 확인하고 동의어, 유의어 가운데 제 의도에 더 잘 맞는 단어가 없는지 살펴야 합니다. 예문을 통해 용례를 확인하는 작업도 필히 거쳐야만 합니다. 한국어의 일상적 쓰임 속에 정착한 번역어들을 다룰 때에는 영어나 기타 외국어 사전도 교차 검토해야 합니다. 앞에서 모든 문장의 말미를 "해야(만) 합니다."라고 적은 까닭은 그것이 의무라서가 아니라 그 일을 하지 않으면 찜찜해서 다음 작업으로 넘어갈 수 없기 때문입니다. 어쩌면 저는 일물일어설의 신봉자가 맞나 봅니다.

　두 번째 단서는 '품질 관리'에 실패할지도 모른다는 걱정이 앞선다는 점입니다. 이 걱정은 불특정 다수의 독자를 상정하는, 특히 '돈을 받고 파는' 글을 쓰기 시작한 이후로 심해졌습니다. 이러한 품질 관리의 문제가 중요한 것으로 각인된 계기는 확실히 압니다. 과거에 무슨 대화를 나누다가 지도교수가 "어쩌다 한 번 글을 잘 못 쓸 수도 있어. 하지만 그 글로만 너를 만난 독자들에게는 그 한 번이 너를 평가하는 전부가 되겠지."라는 말을 한 일이 있었습니다. 저는 기분 좋은 충격을 받았고, 그 이후로는 문장 한 줄을 쓰는 것도 아주 어려운 일이 되었습니다. 최근 지도교수를 만난 자리에서 이 화제를 다시 꺼냈을 때 그는 "쓸데없는 부담을 가지라고 한 얘기가 아니었는데 어쩌지…."라며 난감해했습니다. 그가 독자와의 만남이 일회적일 가능성을 염두에 둬야 한다는 말씀을 했을 때의 진의가 무엇인지는 저도 잘 알고 있습니다. 말하자면 다정하고 격의 없는 조언 겸 격려라고나 할까요. 다만 저 역시 그때의 말이 '프로의 생산물이 갖춰야 할 최소 기준'이나 '상도덕', 더 나아가 '집필의 윤리'와 관련하여 전적으로 맞는 이야기라고 생각했기 때문에 지침으로 삼은 것입니다.

　실상 결과물로서의 글의 질에 있어 노력을 기울여 그것을 통제할 수 있는 부분은 한정적입니다. 정확한 한국어를 사용함으로써—상술한 단어의 문제를 포함하여—문장 성분 사이의 호응에 오류가 없는 문장을 쓰는 것, 그리고 중언부언이나 우왕좌왕하지 않고 정연한 구성을 추구하는 것 정도가 그 한정적 부분에 해당합니다. 요컨대 글쓰기와 글 읽기라는 행위의 성립 조건인 사회적 약속으로서의 언어와 의사소통의 규범을 이해하고 이를 준수한다는 기본 요건을 충족하는 일이라 할 수 있습니다. 기본적인 요건을 충족하지 못하는 글은 일기나 메모로서 존재할 수는 있을지언정 불특정 다수를 향해 건네고 읽히는 사회적 대상이 될 수는 없습니다. 단행본의 경우에는 편집자가 출판 전 원고의 교정과 수정에 상당한 역할을 합니다만 그러한 편집을 거치지 않거나 못하는 지면도 많으므로 저자 선에서 언어와 의사소통 규범의 합리성을 확보하는 게 필요하다고 봅니다. 물론 기울인 노력은 노력일 뿐이고 스스로 "더할 나위 없이 정확한 글을 썼다."고 느껴본 적은 없습니다.

　생산물의 질을 판별하는 기준 가운데 '글이 산출하는 효과'까지 생각하면 자신감은 더욱 하락합니다. 글에는 장르마다 고유한 목표가 있고 저자별로도 주안점이 다릅니다. 저는 주로 비평(같은 것)을 쓰며 이를 통해 "세계와 인간을 명쾌한 개개의 요소로 축소하는 대신 난해한 중층의 복합성으로 확장하는"[25] 사유의 모험을 함께 떠나기를 권하고 싶어 합니다. 독자가 제 관점에

25. 「안녕하세요. 취향과 판단입니다.」, 『취향과 판단』, 제1호, 2022. 1. 25.

'동의'하거나 '공감'하지 않아도 좋습니다. 다만 그러한 모험 속에서 자신을 해석과 판단, 실천의 주체로 거듭 구성해내도록 재촉하는 글의 효과가 발휘되기를 바랄 따름입니다. 자신을 주체로 재구성하는 일은 최종적으로 읽는 이의 몫이며 저자가 가르치고 독자가 배우는 식의 지적 위계 안에서 실현되는 목표가 아닙니다. 하지만 과연 내가 쓴 글이 그러한 효과의 발현을 위한 조건을 제대로 갖추고 있느냐를 고민하는 일은 아무리 봐도 저자의 과제가 맞습니다.

글쓰기에 관한 고민들은 마치 원형의 사슬처럼 서로 연결되어 있으며 또 무한히 돌고 돕니다. 언어의 규칙과 단어 사이의 관계, 구성, 형식, 글감이 무엇인지와 그것을 다루는 방법, 내용 등의 총체적 결합이 글이기 때문일 것입니다. 말할 것도 없이 사슬의 첫 고리이자 마지막 고리는 언제나 독자입니다. 그러므로 글쓰기의 필연적이고도 본질적인 난점은 다음의 두 가지 사실로부터 기인합니다. 하나는 독자가 그것을 읽는 순간이 비로소 글이 완성되는 때라는 점이고, 나머지 하나는 글이 완성되는 장소가 쓰는 이와 읽는 이의 '사이'라는 점입니다. 아무도 읽지 않는 글은 독백과 다를 바 없어 타인에게 의미를 전달하거나 세계 내에서 특정한 효과를 불러일으키는 등의 사회적 차원과 동떨어진 채 그저 존재만 할 뿐입니다. 취미로 쓰는 글이라면 독백에 머물러도 무방합니다. 그러나 직업으로서의 글쓰기와 그 생산물은 이런 식으로 성립될 수 없습니다.

더 나아가 똑같이 한국어를 모어로 하는 사람들일지라도 저마다의 직업이나 지적 배경 등에 따라 익숙한 한국어의 범주나 독해 가능한 텍스트의 성격과 복잡성의 수준이 다릅니다. 글의 최종 의미는 이와 같은 차이들의 관계 속에서 결정됩니다. 계획 단계에서 예상 독자를 상정한 후 이를 고려한 글쓰기를 진행하는 것도 방법입니다만 이 또한 완벽한 해결책이 아닌지라 저자는 하나의 단어, 한 줄의 문장을 적는 매 순간 그 수행이 자신과 독자 사이의 언어와 의미의 교집합을 겨냥하는지, 그 적절성을 의심하지 않을 수 없습니다. 역으로 생각하면 모든 글은 저자가 자신과 세계 사이에 있을 공통 영역의 흐릿한 윤곽선을 겨우 더듬거린 흔적이며 독자와의 만남을 기다리는 미완의 상태로만 세상에 나올 수 있습니다. 이처럼 글쓰기의 결과물이 여러 가지 의미에서 결코 '완벽'할 수 없음을 잘 압니다.

얼마나 잘 아는가 하면 마침 의사도 본인의 전문 분야에 관한 단행본을 집필 중이었는데 제가 이렇게 조언했습니다. "선생님. 글은 '다 쓰는' 게 아니라 어떤 시점에 '그만 쓰는' 것입니다. 어느 정도 쓰셨으면 편집자에게 보내세요. 안 그러면 영원히 쓰게 됩니다." 이렇게 잘 알면서 나는 왜 여기에 앉아 이런 대화를 하고 있는 것인가 싶어 말한 후 굉장히 민망했습니다. 어쨌든 저자 선에서 글쓰기를 완료한다는 것 혹은 완벽한 글을 쓴다는 것이 불가능한 꿈이라는 사실을 인정한들 그 꿈을 폐기해버릴 수는 없더라고요. 결코 도달할 수 없는 지점을 바라보며 전진하기, 이는 분명 괴로운 일입니다만 가야 할 곳이 있음을 알게 된 데다 걷기 시작한 이상 계속 나아가는 것 외에는 다른 방법이 없습니다. 글쓰기가 고통스럽지 않은 필자는 없으리라 생각합니다. 집필 과정에서 고통을 느끼지 않는다면 그는 이미 탈인간화하여 입신의 경지에 들었거나 자신의 글쓰기가 무척 훌륭하다는 오해에 빠져 있는 자일 것입니다.

몇 개월 동안 상담을 진행하며 의사는 일단 글을 못 쓰는 제 증상의 기저에 있는 것이 강박과 불안이라는 결론을 내린 듯합니다. 저도 동의합니다. 글의 총체적 완성도에 대한 강박과 그러한 완성도에 한참 못 미치는 결과물을 산출할지도 모른다는 불안의 존재는 앞서 언급한 사례 외에도 문단별 행의 수를 비슷하게 맞춘다든가, 잘 써지지 않는 부분은 일단 건너뛰고 다른 곳부터 작업하지 못하고 반드시 순서대로 완성하려 한다든가, 하나의 글 안에서 동일한 단어가 지나치게 여러 번 등장하는지를 점검하려는 경향 등을 통해서도 확인할 수 있습니다. 결론부터 말하자면 저는 강박과 불안으로부터 완전히 해방되어 그러한 정동들을 일절 느끼지 않는 상태가 되기를 소망하지는 않습니다. 위에서도 이야기했다시피 글을 쓴다는 것은 곧 불가능한 꿈의 불가능성을 알면서도 그 꿈을 폐기하지 못하는 일입니다. 꿈의 가장자리에서 '완벽한 글을 써야 한다는 강박'과 '완벽한 글을 쓰지 못하리라는 불안' 사이를 영원토록 배회하는 것이 곧 글을 쓰는 이의 실존적 상태이기 때문입니다.

그렇지만 강박과 불안에 잠식된 동안 아예 글쓰기 자체가 불가능했음을 상기하면 그 수준을 조절할 필요성은 분명해 보입니다. 글쓰기의 고통을 일종의 동반자로 인정하되 이것이 너무 제멋대로 날뛰지 않게끔 통제하면서 장기적으로 잘 지낼 방법을 모색해야겠죠. 특히 글의 주제와 분량, 기간에 관한 계약을 매개로 성립하는 직업이자 일로서의 글쓰기의 경우 제가 글을 제때에 맞쳐 써내지 못한다면 원고를 청탁한 지면과 그곳의 실무자들이 크나큰 곤란을 겪게 됩니다. 그러므로 지속 가능한 글쓰기를 위해서라도 균형을 잘 잡아야 할 것입니다. 글쓰기, 그러니까 언어를 다루는 일에 처음 매료되던 순간의 그 기분 좋은 놀라움을 새롭게 반복하기 위하여 더 나은 전략을 모색할 시점이 되었습니다. 직면해야 할 저 자신의 근원적 비밀은 여전히 장막에 싸여 있고 글을 쓰는 일은 앞으로도 계속, 영원히 어려울 것입니다. 하지만 괜찮습니다. 이런 생각을 한 날은 카뮈의 『시지프 신화』를 다시 읽기에 적당합니다. "산정山頂을 향한 투쟁 그 자체가 인간의 마음을 가득 채우기에 충분"하다고 하니 한 번 더 "행복한 시지프를 마음에 그려"[26]볼 생각입니다.

26. 알베르 카뮈, 「시지프 신화」,
『시지프 신화』, 김화영 옮김,
민음사, 2016, 185쪽.

2부

연구나 하라고요?
저희도 그러고
싶습니다만

1. 대학원생이 노동조합이라니

어느 날 갑자기, 날벼락처럼

2016년 겨울, 성균관대학교 문과대학 소속 학과사무실 조교들은 행정실로부터 메일 한 통을 받습니다. 2017년 3월 새 학기부터 교내 근로장학금 지급액이 삭감될 예정이라는 통보였습니다. 당시 학과사무실 조교들은 세 달에 한 번, 270만 원 정도의 장학금을 받고 있었습니다. 여기서 한 사람당 7만 원 안팎의 금액을 삭감하겠다는 것이 행정실의 의지였고 이는 별다른 반발 없이 관철되었습니다. 해가 바뀌며 기존에 일하던 조교가 그만두고 새로운 조교가 임용되는 학과가 적지 않았으며 각 학과 조교 사이의 관계망도 전무하다시피 했기 때문입니다. 이 사건과 관련하여 그 어떤 소문도 돌지 않았습니다.

그 무렵 저는 몇몇 국어국문학과 대학원생과 '혜화동인문학노동자들'이라는 소모임을 꾸리고 있었습니다. 어쩌다 보니 '노동의 개념과 현실'에 관심이 많은 사람이 모였고, 참신한 무언가를 해보고자 했으나 대학원생들 버릇이 어디 가지는 않는지라 결국 노동을 주제로 한 저작들을 함께 읽는 연구회가 되었습니다. 그래도 다들 실천에 대한 열망이 있어 시일이 좀 지난 후에는 웹진을 만들자, 대학원 내 독립 언론을 운영하자는 등의 계획을 논의하는 수준까지 고민이 무르익었습니다. 그러던 중 문과대 조교들의 근로장학금이 삭감된 지 6개월이 다 되어간다는 사실을 알게 되었습니다. 조교 가운데 한 사람이 친한 친구에게 털어놓은 고민이 어찌어찌 우리의 귀에까지 들어왔던 것입니다. 혜화동인문학노동자들이 이 일에 개입하기로 결단하는 데는 그리 많은 시간이 걸리지 않았습니다.

문과대 행정실에서는 장학금 삭감의 이유로 "문과대의 전공 진입생 수가 감소하였음"을 들었다고 합니다. 짐작컨대 문과대 소속인 학생의 총원이 감소했으니 그에 비례하여 ①조교들의 일도 줄어들 것이다. 그러므로 근로의 대가인 장학금을 조정한다. 아니면 ②가용 예산의 총액이 줄었다. 절약이 필요하기 때문에 장학금을 삭감한다 중 하나의 논리였을 것입니다. 어쩌면 둘 다일 수도 있고요. 혜화동인문학노동자들은 이것이 사리에 맞지 않다고 판단했습니다. 일단 재학생 수의 감소가 곧바로 학과사무실 조교의 노동량과 시간의 감소로 이어지지 않는다는 점을 지적할 수 있습니다. 조교의 노동 형태와 내용은 교직원의 그것과 같습니다. 재학생이 몇 명이든 학사 행정이 아침부터 저녁까지 상시적으로 돌아가는 절차라는 점에는 변함이 없으며 이에 더해 조교는 각 학과의 행사와 살림살이, 교수들이 지시하는 여러 업무까지 두루 챙겨야 합니다. 만약 예산 문제라면 어떨까요? 예산은 언제나 부족하기 마련입니다. "우리는 예산이 풍족하다. 막 써도 돈이 남는다." 이런 조직은 없습니다. 그렇기 때문에 예산의 초안을 세우고 집행 계획을 확정하는 일은 모든 조직이 공통적으로 심혈을 기울이는 절차입니다. 한 대학의 단과대 행정실 정도면 이런 일에 잔뼈가 굵어 처음 예산안을 수립할 때 몇 해 동안의 학부생 증감 추이를 고려했을 것입니다. 그런데 새 학기를 목전에 둔 시점에 다시금 금액 조정을 단행한다는 건 이상한 일이었습니다.

'일방적 통보'도 문제입니다. 백번 양보해 장학금을 삭감하는 것이 불가피한 상황이라 쳐도 집행에 앞서 조교들에게 충분한 설명과 함께 양해를 구해야 할 일입니다. 대학원생, 특히 인문사회계열 대학원생은 성적 장학금이나 국가 장학금 혜택을 거의 받지 못하고 학교에 머무르는 시간이 길기 때문에 교내 근로장학금에 대한 의존도가 높습니다. 게다가 삭감 이전에도 조교들은 당해 연도 최저임금에 못 미치는 시간당 5,500원, 월 평균 90만 원 안팎의 액수를 받았습니다. 반년 동안 한 푼도 쓰지 않고 꼬박 모아야 겨우 다음 학기 등록금을 충당할 정도입니다. 따라서 장학금 액수에 변동이 생긴다 함은 미리 세워둔 학업과 생계에 관련된 계획을 수정해야 한다는 의미이기도 합니다. 하다못해 다른 아르바이트 자리를 알아볼 시간조차 주지 않았다는 점에서 학교 측의 일 처리 과정에 대학원생 조교들에 대한 고려가 전무했음은 부정할 수 없는 사실입니다.

물론 이 모든 것은 현행법상 임금이 아닌 근로 '장학금'에 관한 사안이므로 대학원생 조교에 대해 최저임금 기준이나 불리한 변경 사항의 고지 절차 등을 지키지 않았다고 하여 '위법'이나 '불법'은 아닙니다. 하지만 역으로 생각해보면 이 사건은 평소 교내 행정 업무의 상당 부분을 수행하는 대학원생 조교들이 그에 준하는 권리를 인정 받지 못하고 있음을 분명히 드러내 보이는 계기입니다. 이 일은 저에게도 하나의 계기였습니다. 이른바 대학원생의 노동자성이라는 것과 근로장학 제도의 기이함에 대해 문제의식을 가지게 된 계기요.

정해진 출퇴근 시간, 근무 장소, 일의 내용에 따라 교직원들과 동일한 학사 행정은 물론 학과의 온갖 살림까지 도맡는 대학원생 조교. 그러나 교직원과는 달리 실재하는 노동을 노동으로 인정 받지 못하는 이들. 근로계약서를 쓰지 않기에 학교 측에서 일방적으로 처우를 악화해도 이의를 제기할 길이 없는 이들. 등록금과 생활비로 소용할 돈이 급하고 학교 안에 자기 책상 하나를 가지는 게 절실하니 근로장학 조교라도 해야 하는 상황. 막상 조교가 되면 밀려드는 업무를 처리하느라 공부할 시간이 부족하다는 '함정'. 그렇게 일한 끝에 겨우 손에 쥐는 돈이 최저임금에도 못 미친다는 씁쓸함. 분명 노동하고 있음에도 4대 보험의 사회보장 제도에는 편입되지 못하는 '잉여'의 감각. 이것이 당시 제 눈에 비친 대학원생 노동의 단적인 모습입니다.

혜화동인문학노동자들은 가을 학기 개강과 동시에 학내 구성원들에게 '문과대 조교 근로장학금 삭감 사건'을 널리 알리기로 결정했습니다. 문과대 단위에서 이루어진 일방적 조치에 대학원생들이 저항하지 않는다면 다음에는 다른 단과대나 학교 전체 차원에서도 필요와 편의에 따라 동일한 방법을 사용할 가능성이 매우 크다고 판단했습니다. 그러다 보면 대학원생을 위한, 그나마도 근로장학금이라는 기묘한 형태를 띤 교내 장학금의 규모는 축소될 테고 후배들은 훨씬 더 열악한 처우를 경험하게 될 것입니다. 그런 이유로 혜화동인문학노동자들은 정말이지 한 줌의 소모임에 지나지 않았지만 이 일에 뛰어들어보기로 했습니다. 그래도 목표는 크게 잡았습니다. 장학금을 원래의 액수로 되돌리기, 그리고 모든 조교가 2017년 1학기 동안 삭감되었던 액수까지 지급받게 만들기.

'뛰어들어본다'고 가볍게 표현했습니다만 사실 이런 종류의 일을 추진하는 데에는 품이 많이 듭니다. 행정실에 찾아가서 "조교들 장학금 원상복구 해주세요."라고 요청한들 그쪽에서 "예. 알겠습니다. 당연히 그렇게 해드려야죠."라고 할 리도 만무하고요. 결국 싸워서 이겨야 하는 문제라 심신의 부담을 각오해야 했습니다. 다른 무엇보다 장학금 삭감 사건의 당사자인 조교들이 이 일에 결합하도록 설득하는 것이 중요했습니다. 여름 방학 동안 회의를 거듭하며 전략을 가다듬다 보니 자연스럽게 우리의 생각은 학교 내에서 일하는 대학원생의 권리를 보장하기 위한 제도적·법적 장치가 필요하다는 데로 모였습니다. 그리하여 도달한 결론이 바로 '성균관대학교 조교노동조합'을 만들자는 것이었고요. 법적으로 두 사람만 있으면 노동조합을 결성할 수 있고 그 사실을 지자체에 신고하면 모든 절차가 끝난다고 하니 어렵지 않은 일처럼 보이기도 했습니다.

서로를 만난다는 흔치 않은 일

아무튼 저의 2017년 여름은 문과대 조교들의 장학금 원상복구를 위한 싸움을 준비하는 동시에 성균관대학교에서 조교노동조합을 만드는 일에 관한 구상을 발전시키던 때였습니다. 그렇다면 한국 사회의 2017년 여름은 어떤 시기였을까요? 매주 촛불집회가 열리던 2016년 겨울의 광장과 탄핵의 봄을 통과하여 도달한, 아래로부터의 요구가 대통령을 끌어내렸다는 승리의 감각이다소 희미해진 대신 일상의 여러 영역에서 촛불이 남긴 것에 관한 진단과 평가가 이어지던 시기였습니다. 6월 초, 인문학협동조합과 민족문학사연구소의 공동 주최로 '대학의 인권과 민주주의: 대학 공공성과 자율성 회복을 위한 촛불들'이라는 제목의 토론회가 열렸습니다. 그중 한 꼭지에서 대학원생 조교의 처우 문제를 다뤘습니다. 발제자는 2016년 12월 대학원생 행정조교에 대한 근로기준법 위반으로 서울고용노동청에 총장과 이사장을 고발했던 동국대학교 32대 일반대학원 총학생회장 신정욱이었고 지정 토론은 혜화동인문학노동자들에서 맡았는데, 어쩌다 보니 제가 가게 되었습니다.

이날 신정욱은 1960년대부터 꾸준히 세를 확장해온 미국 대학원생노동조합의 사례와 자신이 동국대 대학원 총학생회장 임기 중 경험한 바를 토대로 한국에도 대학원생의, 대학원생에 의한, 대학원생을 위한 노동조합이 필요함을 주장했습니다. 비슷한 생각을 가진 사람을 만나 신이 난 저는 쉬는 시간을 틈타 신정욱에게 성균관대에서 조교노조를 만들고자 한다는 혜화동인문학노동자들의 구상을 이야기했습니다. 그런데 웬걸, 반색하리라는 제 예상과 달리 그는 약간 난처한 표정을 짓더니 애매모호한 태도로 대화를 마무리했습니다. 그리고 학회 중간에 자신은 동국대학교에서 조교노조를 만들 계획이 없으나 후일 이 문제에 대해 또 이야기할 기회가 있었으면 좋겠다는 취지의 쪽지를 건네고 자리를 떠났습니다. 노조의 필요성은 알아도 직접 만들 마음은 없는 것인가 싶어 아쉬웠지만 이해 못 할 일은 아니었습니다. 대학원 총학생회장 임기가 끝난 지도 오래되었고 고발을 진행하는 과정에서 지치기도 했을 테니까요.

보통 학회나 토론회가 끝나면 그날의 참석자들끼리 회포를 풉니다. 맥주를 마시며 대화를 나누다 보니 아홉 시가 넘었고 저는 적당히 먼저 일어날 채비를 하고 있었습니다. 그런데 신정욱이 나타났습니다. 서둘러 온 눈치더군요. 원래 다른 약속이 있었지만 이야기를 더 나누고 싶은 마음에 그쪽 자리를 재빨리 정리하고 다시 왔다고 했습니다. 그제야 제가 오해했음을 깨달았습니다. 그는 "동국대에서 조교노조를 만들 계획이 없다."고만 했지 "어디서든 아무것도 만들 마음이 없다."고 한 게 아니었던 것입니다. 대학원생 조교의 현실로부터 출발한 대화는 이내 서로가 대학원을 다니며 또는 다른 대학원생들을 옆에서 지켜보며 생각한 여러 문제로까지 확장되었습니다. 그리고 이후의 기억 대부분은 없습니다. 이런 주제로 이야기를 나눌 수 있는 사람을 만났다는 기쁨에 술이 과했나 봅니다. 어쨌거나 마지막에는 더 나은 대학원-학계를 만들기 위해 뭔가 도모해보자는 정도의 다짐을 주고받았겠지요. 아마도.

그로부터 석 달 정도가 지나 신정욱에게 다시 연락을 받았습니다. 학내 문제 해결을 위해 활동 중인 여러 대학의 대학원생들이 모이는 자리를 만들 예정이니 혜화동인문학노동자들도 참석했으면 좋겠다고 했습니다. 무척 반가웠습니다. 이 무렵 혜화동인문학노동자들은 정서적으로 힘든 시간을 보내고 있었거든요. 여름부터 준비해오던 문과대 조교 장학금 삭감 사건의 공론화가 한창 진행되던 때였는데, 조교 당사자들을 만나 대응에 동참을 부탁하는 일부터가 만만치 않았습니다. 조교들의 반응은 크게 셋으로 갈렸습니다. 첫 번째는 학교 측의 이번 결정이 부당하다고 생각하지만 항의해도 달라지는 것은 없으리라는 회의론. 두 번째는 장학금 액수의 조정은 학교의 고유한 권한인데 따라야지 어쩌겠냐는 반문. 마지막은 이 일의 해결을 바라지만 학교 본부와 교수들이 어떻게 생각할지 모르니 연서명에 이름을 올리거나 직접 나서기는 힘들다는 조심스러운 태도였어요.

예상했고 또 이해할 수 있는 반응입니다. 그러나 당사자들이 결합하지 않으면 금방 한계에 봉착할 싸움이기에 설득을 포기할 수 없었습니다. 뭔가를 요구할 때에는 얼마나 많은 사람이 이에 공감하고 또 함께하는가를 보여주는 게 중요합니다. 대자보에 듣도 보도 못한, 척 봐도 소모임이 분명한 혜화동인문학노동자들의 이름만 싣는 것보다 조교들과 학과별 학부, 대학원 학생회의 명의가 같이 실릴 때 학교 측에서도 사안을 심각하게 받아들일 공산이 더 큽니다. 우리는 "큰 틀에서 볼 때 이번 장학금 삭감 사건이 현직 본교 조교들의 이해관계뿐 아니라 교내 근로장학금에 대한 경제적 의존도가 높은, 그리고 앞으로도 높을 수밖에 없는 전체 대학원생의 처우에 영향을 미치게 된다."는 점을 강조하며 계속 참여를 독려했습니다. 다행히 적극성을 보여준 몇 개 학과 조교들이 있었지만 고립감이 깊어지는 데서 오는 심적인 피로의 누적은 피할 수 없었습니다. 이러한 와중에 다른 대학에서 비슷한 활동을 해온 대학원생들을 만나는 일은 그 자체만으로 위로와 격려가 되겠구나 싶었습니다.

첫 간담회에는 신정욱을 비롯하여 동국대학교에서 학내 민주주의를 위해 싸워온 학생들과 '서울대H교수사건대학원대책위', 인문학협동조합 소속 대학원생들을 포함하여 열 사람 정도가 모였습니다. 각자의 현장에서 열심히 활동하는 대학원생들과 한 공간에 마주 앉는 경험은 소망한 것과 같이 위로와 격려가 되었습니다. 그러나 한편으로는 이 간담회가 그저 위로와 격려를 느끼는 자리로 끝나서는 안 되겠다는 생각이 들었습니다. 대학원생이 자기 생활 반경을 넘어 다른 대학이나 전공의 대학원생을 만나는 건 흔치 않은 일입니다. 그나마 학회 같은 행사에서 타 대학의 대학원생들과 마주칠 기회가 있지만, 많은 경우 이러한 마주침은 일회적이며 느슨한 관계 이상의 어떤 것으로 발전하지 못합니다. "논문 주제가 뭐예요?", "어떤 연구 방법론 쓰세요?" 등의 질문을 주고받다가 행사가 끝나면 연락처를 교환하고 각자의 삶으로 다시 돌아가는 정도의 관계. 그런 일회적이고 느슨한 관계도 나름의 의미가 있으나 이 간담회는 그보다 단단하고 촘촘한 무언가의 생산으로 이어져야만 했습니다. 그 자리의 모두가 같은 마음이었을 것이라 생각합니다.

이후 간담회를 몇 차례 거듭하는 가운데 자연스럽게 화제는 한국 대학원 일반의 문제와 그 안에서 대학원생들이 맞닥뜨리는 난점들을 아우르게 되었습니다. 대학원생이 대학–학계에서 여러 형태의 노동을 수행하는데도 그와 같은 현실을 반영, 조절하는 제도적 장치가 전무한 현재의 상태는 분명 문제이며, 이를 해결하기 위해서는 대학원생이 주도적으로 상황에 개입해야 한다는 합의가 곧 이루어졌습니다. 신정욱의 제안과 참석자들의 동의에 따라 간담회는 '대학원생노동조합 설립추진위원회'로 전환, 대학원생노동조합의 상을 구체화하는 작업에 돌입하게 됩니다. 동료야 많을수록 좋기에 노조 설립을 함께할 이들을 계속 수소문했고 머지않아 '만인만색 연구자 네트워크' 소속의 대학원생 몇몇과 2015년 8월부터 2016년 7월까지 고려대학교 제29대 일반대학원 총학생회장을 역임하며 임기 중 '슬픈 대학원생들의 초상'이라는 웹툰 사업[27]을 진행했던 강태경이 설립추진위원회에 합류했습니다.

각자가 자기 몫을 하겠다는 결정

앞서 언급했듯 두 가지 요건만 충족하면 노동조합을 설립할 수 있습니다. 하나는 규약 제정입니다. 규약이란 조합의 목적, 사업 범위, 조합원의 의무와 권리, 의결 기구와 집행부 그리고 각종 위원회의 구성, 조합 내 선거, 재정에 이르기까지 노동조합의 민주적인 운영을 위해 구성원 모두가

27. 이 사업의 결과물은 동명의 단행본 『슬픈 대학원생들의 초상』(제29대 고대원총 이음지기, 김채영 그림, 북에디션, 2016.)으로 발간되었습니다.

숙지하고 함께 지켜야 할 기본 규칙을 명문화한 것으로, 학생회의 회칙과 비슷한 위상을 지닌다고 보면 됩니다. 다른 하나의 요건은 노동조합의 대표자인 위원장 한 명과 독립기구로서 연 2회 조합의 재정을 감사할 회계감사위원 한 명 이상을 선출하는 것입니다. 이러한 원칙적 요건만 놓고 보았을 때에는 노동조합 설립이 참 간단한 일이다 싶었는데요. 막상 이를 현실화하려니 만만치가 않았습니다. 규약을 만드는 것부터가 그랬습니다. 대학을 현장으로 두고 있거나 대학원생과 유사한 형태의 노동자를 조합원으로 두는 조직들의 규약을 참조하며 뺄 건 빼고 더할 건 더하여 우리 조합의 규약을 완성하는 데 약 두 달이 걸렸습니다. 그 기간에 신정욱, 강태경, 그리고 혜화동인문학노동자들의 일원이자 전부터 가깝게 지냈던 정혜진이 실무를 함께 했습니다.

가장 어려운 일은 설립 후 2년 동안 노조 운영에 힘을 보탤 1기 집행부를 꾸리는 것이었습니다. 노조든 시민 단체든 조직 운동의 실무를 수행한다는 게 상당한 시간과 역량의 투여를 요구하는 반면, 즉각적이고 세속적인 보상을 기대할 수 있는 활동은 아닙니다. 그러므로 설립추진위원회에 참여했던 사람 중 집행부원을 하겠다고 선뜻 나서는 이가 없어도 이상하지 않을 일이었습니다. 신정욱, 강태경, 정혜진, 그리고 저는 일단 규약 초안에 근거하여 조직도를 확정했습니다. 편제만 마련했을 뿐 누가 어떤 자리를 채울지는 알 수 없었습니다. 한동안 우리 넷 사이에서도 그에 관한 이야기는 오가지 않았습니다. 다들 고민이 많았을 겁니다. 저는 뭔가 해야만 한다면 한 부서의 장을 맡겠다는 정도의 마음만 겨우 먹은 상태였습니다. 노조 설립의 필요성을 힘주어 말한 사람 중 하나로서 그에 따르는 책임을 져야 마땅한데 아무리 봐도 지나치게 중한 역할은 제 능력 밖의 일이었습니다. 한 부서의 장. 스스로 평가하기에 제 깜냥의 최대치는 딱 그 정도였습니다.

집행부에서의 제 역할을 고민하는 가운데 계절은 겨울의 어귀에 접어들었습니다. 여느 때처럼 실무 회의를 마치고 저녁 식사에 반주를 기울이던 중 신정욱이 저에게 설립 총회에서 치를 노조 위원장 선거에 출마해줬으면 좋겠다는 소리를 했습니다. 갑자기? 대학원생노동조합에 대해 가장 뚜렷한 구상을 가지고 있고 설립추진위원회에서도 핵심 역할을 해온 그가 첫 위원장을 맡는 게 당연하다고 생각하던 터라 당황스러웠습니다. 당신이 하지 그러냐고 묻자 대표자의 위치에서 여러 사람을 두루 잘 대하는 일이 자기 적성에는 맞지 않는다고 했습니다. '그건 내 적성에도 안 맞을 것 같은데…. 그보다 노조 위원장이 적성에 딱인 사람이라는 게 존재할 수는 있나?' 이런 생각을 하고 있자니 신정욱은 제가 위원장이 되면 본인이 사무국장을 맡아 실무 전반을 책임질 것이며 그렇게 서로의 적성과 주특기에 따라 협업하는 형태로 조합의 중심을 잡아나갔으면 좋겠다고 힘주어 말했습니다. 아니, 그러니까 내 적성과 주특기가 위원장일 리가 없다니까? 생각할 시간이 필요했습니다. 어쨌거나 그렇게 대학원생노동조합은 조금씩 하지만 서둘러 설립을 향해 나아갔습니다.

결국 위원장 선거에 출마하기로 했습니다. 이제야 말하지만 정말 안 하고 싶었습니다. 결단을 내리는 데에는 닷새 정도가 걸렸던 것으로 기억합니다. 그 고민의 과정에서 스스로에게 던졌던 두 가지 질문을 복기해보려 합니다. 첫 번째는 "이 일, 그러니까 대학원생노동조합이라는 실천은 어느 정도로 필요한 일인가?"
라는 질문이었습니다.

"대학원생 처우 문제는 구조로부터 기인합니다. 연구자가 생애
를 보내는 대표적 장소인 대학과 학회는 자기 자신을 유지하기
위해 대학원생을 저렴한 노동력으로 혹은 허드렛일 담당의 도
제로 활용합니다. 몇몇 선한 전임자의 존재로는 충분하지 않습
니다. 연구자들의 사회가 그 자신의 재생산 외에 다른 것을 상
상하지 못하게끔 하는 더 큰 구조에 대한 문제 제기가 있어야
합니다. 구조와 대결하지 않으면 필연적으로 우리는 착취 당하
고 또 뒤에 올 사람들을 착취하며 살게 될 것입니다."

위원장 당선 직후 제가 쓴 공식 인사말의 일부입니다. 억압적
구조와 대결하지 않음으로써 필연적으로 착취 당하고 또 뒤에
올 사람들을 착취하며 살게 되는 것. 저에게는 이것이 가장 두려
운 일입니다. 솔직히 제 대학원 생활은 썩 괜찮았습니다. 자유로
운 분위기의 학과에서 인간적으로나 학문적으로나 훌륭한 선생
들로부터 배움을 얻으며 지냈습니다. 그러나 연구자 사회 전체를
아우르는 공통의 조건이라는 차원에서 보자면 이러한 사실은 별
의미가 없습니다.

저처럼 운이 좋아 선한 전임자를 여럿 만나고 큰 근심 없이 사
는 대학원생도 있지만 반복되는 저임금 노동과 인건비 착복, 갑
질, 성폭력 등을 견디다 못해 학업을 중도에 포기하는 대학원생
도 많습니다. 명색이 제도권 학문의 장에서 구성원들의 삶이 운

과 전임자의 인격에 따라 극단적으로 갈린다는 것 자체가 비극입니다. 무슨 게임에서 아이템 랜덤박스 뽑는 것도 아니고…. 하루가 멀다 하고 터져 나오는 대학원 사회의 사건, 사고들을 보건대 현 대학−학계가 지닌 운영의 한계, 건강하지 못한 권력의 작동 방식, 심각한 불평등과 같은 보편적 문제들을 해소하는 가운데 구조 자체를 새롭게 구성하지 않으면 '착취 당하고 착취할 가능성'으로부터 그 누구도 자유롭지 못할 것임은 분명합니다.

대학원생 그러니까 젊은 연구자들이 자신이 무엇인지를 정의, 선언하고 이를 확신하는 경험 역시 중요합니다. 대학 본부는 대학원생을 교육 서비스의 소비자로 규정합니다. 못된 전임자들에게 대학원생은 저임금 노동을 시키기에 적당한 부하 직원이나 그 운명을 마음대로 쥐고 흔들어도 되는 소유물처럼 여겨집니다. 대학 바깥의 대중은 대학원생을 취업난으로부터 도피하여 교양 쌓기에만 몰두하는 '쁘띠 부르주아' 정도로 보기도 하고요. 그렇다면 대학원생은 자기 자신을, 더 나아가 자신이 사회 속에서 수행하는 역할과 기능을 무엇이라 생각해야 할까요? 소비자이거나 피해자인 '을' 혹은 세상 물정은 모르면서 취미로 공부하는 있는 집 자식들 같은, 실제 연구자의 역할과 기능과는 무관하게 주어진 정의들만으로 충분한 걸까요? 이 질문은 일차적으로 대학원생의 자기 효능감과 연결되어 있지만 더 나아가서는 지식의 생산을 담당하는 연구자가 자기 자신에 관한 새로운 지식을 생산하기 위한 디딤돌이기도 합니다.

"대학원생은 이미 사회의 공공 가치인 연구와 학문을 생산하는 노동에 종사하고 있습니다. 모든 대학원생은 존중 받아야 할 하나의 인격이고, 노동자로서의 기본권을 주장할 수 있는 이 사회의 시민입니다. 동시에 대학원생은 연구자로서의 사회적 책임을 의식하고 그 책임을 위해 실천하는 주체입니다. 그렇기 때문에 우리는 기능적 전문성의 틀에서 벗어나 현재의 위태한 현실을 지식의 위기이자 공동체의 위기로 사유하는 주체적 역량을 발휘해야 합니다. 생활이 바쁘고 할 일이 많다고 그 역량의 발휘를 미룰 수는 없습니다. 지금 하지 않으면 영원히 할 수 없게 됩니다."

대학원생은 하나의 인격이자 노동자─시민이며 사회적 책임에 묶인 주체라는 정의, 당연한 이야기지만 이 선언은 대학원생이 스스로 갑질의 피해자나 고통 받는 존재를 넘어서서 직접 자기 활동의 터전을 더 나은 장소로 만드는 주체적 과정을 밟아나가겠다는 의지를 내포합니다. 그리고 대학─학계의 강의와 연구 절차가 작동하는 데 상당한 역할을 담당하고 있음에 근거하여 교수, 강사와 마찬가지로 대학원생 역시 연구자 직군 내에서 권리와 의무를 동시에 지니는 공동체의 성원임을 강조하는 것이기도 합니다. 그러한 맥락에서 대학─학계도 현대 시민 사회 일반의 합의된 준칙 아래에 놓이도록 하는 일, 요컨대 성원 사이의 자유롭고 평등한 관계를 토대로 연구와 교육 등 대학 고유의 기능이 합리적인 방식으로 수행되도록 모두가 함께 노력하는 체계를 구성하는 일은 우리에게 중요하고도 시급한 과제입니다. 짧으면 10년, 길면 한 세대 이상의 시간이 소요될 일이니 되도록 빨리 시작하는 것이 좋을 테고요.

두 번째 질문은 "과연 내가 지금 그 일을 할 수 있는가?"입니다. 할 수 있느냐는 물음은 여력에 대한 것인 동시에 능력에 관한 것이기도 합니다. 당시 저는 박사 학위 논문의 예비 심사를 통과한 후 본심사를 앞두고 있었습니다. 그래서 여력이 될지 망설이긴 했습니다. 하지만 결국 박사 학위를 좀 더 빨리 받는 것보다 대학을 바꾸는 실천에 헌신함으로써 '해야 할 한 사람의 몫'을 했는가가 훨씬 중요한 문제라고 판단했습니다. 학위 논문이야 혼자 붙들고 앉아 내리 쓰면 될 일이니 시기를 타지 않지만 운동은 다르다는 점도 판단에 영향을 미쳤습니다. 여러 정치적·사회적 동향이 받쳐줘야 하는 것은 물론이며 조직의 목표에 동의하여 함께 움직일 사람들도 모여야 합니다. 특히 후자가 참 어려운 일입니다. 경험상 대학원에서는 더더욱 어렵고 드문 일입니다. 그것을 알기 때문에 노동조합 설립추진위원회를 꾸렸다는 사실의 의미가 더 크게 다가왔고 놓쳐서는 안 될 기회라 생각했습니다. 진짜 심각한 걱정거리는 제 능력이었습니다. 이렇다 할 경험도, 탁월한 재주도 없는 저 같은 사람이 위원장이라니. 조직에 해가 되지는 않을까 하여 진심으로 무서웠습니다. 하지만 그동안 새김질해 온 이론들이, 그리고 함께 일할 동료들이 저를 올바른 길로 이끌어줄 것이라는 믿음을 가지기로 했습니다. 누구 한 사람의 부족함 때문에 조직 전체가 표류하는 일이 생기지 않도록 우리 조합의 의사 결정과 실무의 체계가 제 기능을 다하리라는 믿음도요.

거취를 정한 후에는 본격적으로 집행부에 합류할 이들을 모았습니다. 제일 먼저 이 어려운 청을 건넸던 상대는 저의 오랜 동료인 정혜진입니다. 만일 제가 선거를 통해 위원장에 당선될 경우 당신이 교육선전국장이 되어줬으면 한다고 부탁한 바로 그 자리에서 그는 흔쾌히 합류를 결정해주었습니다. 신정욱은 부위원장직에 강태경을 추천했습니다. 제가 보기에도 그는 일을 참 잘할 사람이었습니다. 정욱, 혜진과 저는 날을 잡아 태경을 불러낸 후 그가 좋아하는 고량주 두 병을 시켜놓고 돌아가며 부위원장직을 맡아달라는 제안과 부탁, 읍소를 했습니다. 열흘쯤 번뇌에 빠져 있던 태경이 함께 일하겠다는 결심을 전해 왔을 때에는 참 기뻤습니다. 11월 한 달은 오롯이 동료를 구하는 시간이었습니다. 건네는 것만큼이나 받기도 어려운 제안이었을 겁니다. 그럼에도 많은 이가 대학을 바꾸기 위한 조직적 실천에 기꺼이 힘을 보태겠다는 다짐으로 화답했습니다.

모두에게 참으로 좋은 일이었던 순간

2017년 12월 23일, 설립추진위원회 구성원들과 일찌감치 가입 의사를 밝힌 대학원생 스무 명 남짓이 모여 설립 총회를 가졌습니다. 위원장, 회계감사위원 선출과 규약 제정을 위한 투표도 순조롭게 마쳤습니다. 드디어 대학원생들에게도 노동조합이 생긴 것입니다. 하지만 대학원생노동조합의 설립 사실을 바로 외부에 공표하지는 않았습니다. 본격 활동에 나서기에 앞서 조합 체계의 세부 영역들을 가다듬을 필요가 있었고, 무엇보다 노조 설립을 사람들에게 알리는 것 자체가 중요한 '첫 사업'이므로 그 시점과 방법을 신중히 검토했기 때문입니다. 여유를 두고 준비하여 2월 말에 공식 출범식을 치르자는 쪽으로 의견이 모였습니다. 총회 이후, 출범식 전까지 두 달 동안 각자에게도 이런저런 일이 있었습니다. 강태경은 논문을 완성하고 석사 학위를 취득했습니다. 신정욱은 노동조합의 실무를 배워오겠다며 민주노총 기획실로 수행을 떠났습니다.

혜화동인문학노동자들이 진행하던 성균관대학교 문과대 조교 장학금 부당 삭감에 대한 대응은 비교적 잘 마무리되었습니다. 국면이 전환될 때마다 조교 당사자들을 만나 상황을 공유한 후 함께 전략을 고민했습니다. 매주 문제 해결을 촉구하는 대자보를 붙이는 가운데 연명에 동참하는 동아리, 소모임 등의 단위도 늘었습니다. 문과대 행정실에서는 하루에 한 번 꼴로 학내를 돌며 우리의 대자보를 철거했습니다. 하지만 괜찮았습니다. 그럴 줄 알고 여유분을 넉넉하게 준비해뒀거든요. 한 곳뿐이었지만 신문사로부터 해당 사건의 내용을 취재하고 싶다는 연락이 오기도 했습니다. 우연의 일치인지 기사[28]가 나가자 그동안 아무런 반응도 보이지 않던 문과대 행정실이 다급히 조교 전원에게 연락을 취해 간담회를 소집했습니다. 일련의 과정 끝에 문과대 소속 조교 전원의 장학금 액수가 원상 회복되었으며 1학기에 삭감되었던 금액도 추가 지급되었습니다. 싸움에 적극적으로 나선 조교들도, 각자의 사정으로 그렇게 하지 못했던 조교들도 빠짐없이 장학금을 보전 받았습니다. 참으로 좋은 일입니다.

28. 「나도 모르는 새 깎인 월급… 대학조교는 봉?」, 『아시아경제』, 2017. 9. 24.

2. 대학원생이 노동자라니

대학원생의 노동조합, 반갑거나 마뜩잖거나

2018년 2월 24일, 전국대학원생노동조합이 공식적으로 출범했습니다. 조합원과 후원 회원, 여러 사회 운동 단체의 활동가와 대학원생, 시민들이 함께 하는 자리였습니다. 진짜 첫걸음을 떼었다는 생각에 뿌듯하기도 했지만 그보다는 앞날에 대한 걱정과 책임감으로 피로를 더 크게 느낀 날이었습니다. 그날 여러 언론사에서 행사를 취재하여 전국대학원생노동조합의 출범을 일반에 널리 알리는 데 보탬이 되어 주었습니다. 의외로 '반응'이 있었습니다. 특히 『한국일보』에서 낸 기사[29]에 굉장히 많은 댓글이 달렸습니다. 출범식 직후에 1,000개가 넘는 댓글이 있었는데 이 책을 쓰기 위해 다시 확인한 시점에는 약 700개 정도만 그 내용을 확인할 수 있어 조금 아쉬웠습니다.

29. 「"우리가 돈이 없지 노조가 없나!" 전국대학원생노동조합 공식 출범」, 『한국일보』, 2018. 2. 24.

어쨌거나 댓글들을 정독하고 나니 뚜렷한 구분이 보였습니다. 일단 "대학원생은 분명히 대학 사회의 을이다. 교수로부터 부당한 일을 당하기도 쉽고, 조교들도 그렇고.", "대학원생들의 인권을 보장하고 처우를 개선하기 위해 생긴 단체라니, 잘됐다."는 식의 댓글들이 꽤 보이더군요. 아마도 대학원생이거나 대학원생이었던 사람들이 쓰지 않았나 싶습니다. 실제로 "나는 그냥 참으면서 다녔지만 한국 대학원은 바뀌어야 한다. 이런 후배들 응원한다."고 적어 준 사람도 있었고요. 한편 반색하는 이들만큼이나 의아해하는 사람들도 많았습니다. "대학원생이 무슨 노동조합? 그럼 고등학생 노동조합, 초등학생 노동조합도 생겨야 되겠네?", "학생이면 공부나 할 것이지. 노동조합은 무슨. 공부하기 싫으니까 노동조합 한다고 하지." 대충 이런 내용이었습니다.

정확히 분류하자면 후자는 대학원생이 노동조합을 만들었다는 사실을 의아해하는 동시에 마뜩잖게 여기는 반응이라 해야 맞겠습니다. 일단 직접적으로든 간접적으로든 특정 시점 이후의 대학원을 경험한 바가 없어 현황을 잘 모르는 사람일수록 대학원생노동조합의 출현을 의아하고 이상한 사건으로 받아들일 가능성이 크리라는 생각이 듭니다. 마뜩하지 않은 이유야 여러 가지일 것입니다. 이해가 가지 않는 일에 대한 즉각적인 거부감일 수도, 그동안 한국 사회에서 노동조합이라는 결사체 자체가 짊어져 온 부정적 인상 때문일 수도 있습니다. 아니면 사람들이 상상하는 대학원생의 '본분'이라는 것이 있고, 대학원생노동조합이 이를 어긴다고 판단하기 때문일 수도 있겠습니다.

지금부터 제가 하고자 하는 일은 '대학원생의 노동자성'을 해설하는 동시에 주장하는 것입니다. 요컨대 오늘날 대학원생들이 무슨 일을 하는지 그리고 그 일이 대학과 학계의 작은 사회와 어떤 관계를 맺고 있는지를 살핌으로써 여타의 노동'들'과 형식적으로나 내용적으로나 다르지 않음을 설명하고 대학원생의 노동에 공식적인 노동의 이름을 부여해야 함을 피력하는 일이라 할 수 있습니다. 앞으로 대학원에 진학하여 제도권 학문의 길을 걷고자 하는 이들, 이미 학위 과정 중에 있는 이들, 또는 이미 어떤 형태로든 연구자로 살고 계신 이 모두가 각별히 주의 깊게 읽어주었으면 합니다. 재미있지는 않지만 꼭 알아야 할 우리의 현실에 대한 이야기입니다. 뒤에 이어질 여러 내용과의 접점이 많기도 하고요.

실제로 많은 일을 하는 대학원생

먼저 대학원생이 수행하는 일이라는 게 대체 어떤 것들인지 한번 볼까요. 인문·사회계열의 경우 수업조교, 연구조교 혹은 연구보조원, 행정조교, 학회 간사 등이 대표적입니다. 저는 이 중 수업조교, 연구조교, 행정조교 그리고 교내 연구소의 간사 일을 해보았고 각 항목에 관한 서술은 일차적으로 제 경험에 준합니다. 제 경험이 서울 지역 소재 사립대학교의 인문계열 일반대학원생의 사례로서 어느 정도의 스케치를 제공할 수는 있겠지만 대학원생 노동의 온전한 일반성을 담보하는 것은 불가능합니다. 대학원의 운영은 학부보다 각 대학의 자율적 지향에 따라 결정되는 측면이

크기 때문입니다. 이는 어찌 보면 예비 강의·연구 인력으로서의
대학원생을 어떻게 활용하고 또 육성할 것인가라는 문제에 관해
공통적이고도 보편적인 체계와 제도가 미비하다는 방증이기도
합니다.

TA$^{teaching\ assistant}$라고도 부르는 수업조교는 교보재의 간수, 중
간·기말고사 (주로 객관식 문항에 대한) 채점, 출결 관리, 과제 제출일
변경이나 휴강이 발생할 경우 이를 공지하는 일 등 강의 운영 전
반을 보조합니다. 최근 학부생 대상의 교양 강의 중 토론식 수업
의 비중이 점차 늘어나면서 수업조교가 조별 활동과 토론의 진행
을 돕는 등 더 많은 역할을 하게 되는 경우도 있습니다. 수업조교
의 공식적인 업무 범위는 각 대학별로 다릅니다. 가이드라인이나
규정 등의 문서로 그 범위를 정하는 대학이 늘고 있지만 서술이
모호한 경우가 많으며 여전히 수업조교의 업무 내용과 양은 담당
교수의 재량에 따라 관습에 비추어 결정됩니다. 즉 아직 우리의
대학에서 수업조교는 상당히 모호하고 임의적인 방식으로 운영
되는 영역이라 보아야 할 것입니다.

제가 수업조교 일을 시작했던 때는 석사 과정에 입학한 직후
인 2010년이었습니다. 170명 정도 듣는 온라인 강의를 배정 받
아 수업 내용 관련 질문에 답변도 해주고 감상문 같은 과제 채점
도 하고 때가 되면 16주 분량의 강의안 개편도 하고 시험 문제도
내고 채점도 하고 학점 입력도 하고 성적 이의신청도 해결하고
가끔 교수 연구실로 전화를 걸어 "우리 애 학점이 왜 C+인가요?"
같은 걸 물어보는 학부모들이 있으면 적당히 설명도 해주고…
수업과 연결된 모든 일을 다 했으며 그에 더해 간간이 발생하는

강의 담당 교수의 사적 업무 지시들도 처리했습니다. 평균적인 퇴근 시간은 저녁 8~9시였습니다. 학교 측에서 지급하는 근로장학금은 한 학기에 100만 원이었는데요. 중간·기말고사의 객관식 문항 채점 보조만을 염두에 두고 산정한 금액이리라 생각합니다. 하지만 배정된 수업조교를 얼마만큼, 어떻게 활용할 것인가는 전적으로 교수의 재량이었기에 결국 실제 수행했던 노동보다 턱없이 적은 돈을 받은 셈이었습니다.

업무 내용이 비슷하기도 하고 실제 현장에서 명칭이 혼용되는 일도 잦으므로 연구조교와 연구보조원에 대해서는 묶어서 이야기하겠습니다. 교육 기관이자 연구 기관인 대학에서 전자의 기능을 위해 고안된 것이 수업조교라면 후자의 기능을 뒷받침하는 것은 연구조교입니다. 왕왕 정부나 지방자치단체의 지원 사업 혹은 기타 수요 기관을 통해 과제를 받아 연구를 진행하는 경우가 있습니다. 이 같은 과제는 그 규모가 크기 때문에 연구의 공동 수행을 요하기 마련이고, 전임교원인 연구책임자, 박사급 연구원 그리고 대학원생 신분의 연구조교 또는 연구보조원들이 하나의 단위로 움직이는 것이 보통입니다. 연구조교는 이러한 공동 수행으로서의 연구를 진행하고 완성하는 데 요구되는 온갖 일을 조금씩 다 한다고 보면 됩니다. 연구원의 지시에 따라 뭔가를 복사하고 스캔하는 등의 단순 작업을 포함하여 여러 관련 자료를 수집, 분류하고 정리하는 업무, 연구 보고서의 일부분에 대한 작성을 담당하거나 이를 편집하는 업무, 연구 단위 회의를 준비하고 회의록 등을 기록하는 업무, 이에 더하여 비용의 영수증 처리를 비롯한 행정적 업무….

핵심은 단순 작업이라, 아니면 행정적인 일이라 연구와 거리가 먼 '잡무'처럼 보이는 연구조교의 일 또한 엄연히 하나의 연구가 성립하고 또 진척되기 위해 반드시 있어야 하는 연구 절차의 일부라는 사실입니다. 대학─학계에서 앞서 언급한 연구 사업 즉 '공동 수행으로서의 연구'의 비중과 중요성이 점차 증대되고 있으며 이는 한 사람의 창의성과 기량보다는 여럿 사이의 역할 배분과 협업의 메커니즘에 더 많이 의지하는 작업입니다. 인문계열의 경우 학문 자체의 특성상 아직 개인적 수행으로서의 연구가 우세하지만 R&D사업 의존도가 높은 이공계열 대학원생들은 이 말을 더 잘 이해할 것이라 생각합니다. 연구조교의 일은 연구 그 자체와도, 상위 직급 연구원의 일과도 별개가 아니며 연구 전체에 대해 일정한 기여도를 지닙니다. 연구 책임자 한 명이 개인 과제 형태의 연구를 진행하며 연구조교와 보조원 몇 명을 활용하는 경우에도 마찬가지입니다.

행정조교는 말 그대로 행정을 담당하는 조교입니다. 보통 학과사무실이나 단과대, 본부 행정실 등 행정 체계의 말단에서 교직원과 동일한 업무를 보며 강의를 듣는 주 아홉 시간 남짓을 제외하고는 자리를 지키는 것이 원칙입니다. 학과사무실 조교는 전임 교원과 강사, 대학원생 그리고 학부생에 이르기까지 학과 구성원 전체와 관련된 일을 도맡아 합니다. 강사에 대한 강의 배정과 시간표 관리, 개강·종강 총회, 특강, 답사, 논문자격시험과 심사의 진행을 위한 여러 실무, 그 밖의 각종 학과 살림에 이르기까지, 거의 학과의 손이자 발이라고 보면 되겠습니다. 이 자리 또한 각 대학마다 조금씩 운영 방식이 다르고 급여 그러니까 근로장학

금의 액수도 제각각입니다. 『시사IN』에 「학교의 속살」이라는 제
목으로 대학-학계의 이런저런 면면에 관한 이야기를 연재했던
홍덕구는 한 달에 130만 원을 받았다[30]고 했습니다. 제가 다닌 대
학교에서는 조교 급여로 세 달에 한 번 270만 원 가량을 지급했
습니다. 현금을 주는 대신 등록금에서 일정 액수를 제하는 방식
으로 장학금을 처리하는 대학도 있습니다. 어찌 되었든 일의 내
용과 양보다 적은 대가를 받는다는 것은 모든 대학원생 행정조교
의 공통점입니다.

　　2017년 말에서 2018년을 기점으로 다수의 대학이 대학원생
행정조교를 계약직 직원, 그러니까 비학생 조교로 전환한 바 있
습니다. 이는 앞서 언급한 교육조교나 연구조교와 비교했을 때
행정조교가 더 선명한 노동자성을 지니기 때문이라 생각합니다.
2016년에 동국대의 대학원생 행정조교 처우가 근로기준법 위반
임을 골자로 하는 고발이 제기되었고 해당 고발의 정당성이 인정
되어 검찰로의 사건 송치가 결정됨에 따라 동국대와 비슷하게 행
정 업무에 대학원생을 활용해오던 대학들이 위기의식을 느끼기
시작한 것입니다. 아무튼 이러한 변화는 대학원생을 행정 노동으
로부터 해방시키는 동시에 근로장학금의 수령 기회를 제한하기
도 했습니다. 그리고 앞으로 어떻게 대학원생에게 적합한 대학
내 일자리를 만들고 장학금 규모를 유지, 확대하느냐라는 과제를
남겼습니다.

　　대학원생이 수행하는 대표적인 노동, 그
마지막은 학회 간사입니다. 앞서 언급한 수
업조교, 연구조교, 행정조교가 대학 제도 내

30.　홍덕구, 「행정조교에게
열린 지옥문」, 『시사IN』,
제530호, 2017. 11. 15.

에서 대학의 운영을 위해 존재했다면 학회 간사는 '학계'라는 학문 공동체의 작동을 위한 업무를 담당합니다. 먼저 연 2회 정도 학술 대회를 개최하는 일을 들 수 있겠습니다. 발표자와 토론자 섭외를 위한 연락, 자료집 제작, 행사 홍보, 의전, 회계 처리 등 학술 대회의 기획을 현실로 만들기 위한 실무의 최전선에 간사가 있습니다. 한 해 두 차례 정도 이루어지는 학회지 발간은 학술 대회 관련 업무 중 자료집 제작과 비슷한 작업입니다. 다만 학회지는 해당 학회에 관한 연구 재단의 평가에 큰 영향을 미치는 정식 출간물이기 때문에 여러모로 압박이 심합니다. 덧붙여 학회지에 실리는 각각의 논문은 3인의 적임자에게 심사를 받는 절차를 거쳐야만 합니다. 요컨대 정해진 기간에 열다섯 명 이상의 투고자와 그 세 배가 되는 수의 심사위원 사이에서 원고와 심사평의 교통을 원활히 조율하는 것이 핵심입니다. 학술 대회나 학회지 발간처럼 '굵직한 건수'가 없는 기간에도 회원 관리 등의 상시적인 일거리들이 있습니다.

대학원생 학회 간사의 경우 특히나 그 처우에 있어 '평균적인 수준'을 논하기가 어렵습니다. 0원부터 30만 원, 70만 원 그리고 100만 원 선까지 급여 수준이 제각각입니다. 여기서 말하는 액수는 주급이나 월급이 아닌 연봉입니다. 70만 원에서 100만 원 선은 그래도 많이 주는 축에 듭니다. 학회 회원들의 회비와 가끔 있는 연구 재단 지원금이 주요 재원인데 여기서 학술 대회와 학회지 발간에 드는 돈을 제하고 나면 남는 금액이 없거나 매우 조금일 테니 어찌 보면 자연스러운 일입니다. 식당도 그렇잖아요. 임대료, 재료비, 시설 운영·유지비 등이야 고정 지출이니 어쩔 수 없고 그나마 인건비가 유동적으로 운용해볼 만한 항목입니다. 물론 식당의 인건비는 법적 기준의 통제를 받는 임금이므로 경영이 어려워지면 필연적으로 직원의 근무시간이나 머릿수를 줄이고 사장 본인이 고생을 하게 되지만 학회는…. 그렇다고 학회를 식당처럼 운영하자는 이야기는 아닙니다. 언제까지 간사 노동에 대한 대가의 분배를 학회 계좌가 넉넉하면 지급하고 그렇지 않으면 못 주는 게 당연한 '선택적 지출'로 여길 것인지, 이에 대한 학계 스스로의 비판적 성찰이 있어야 한다는 말입니다. 학계가 시장보다도 그곳에 속한 이들의 생계에 무심하거나 가혹하다면 창피한 일이지 않겠습니까.

 '조교나 학회 간사가 그렇게 힘들고 돈도 제대로 못 받는 자리면 그냥 안 하는 게 낫지 않나?' 이런 생각이 드실 법합니다. 묘하게도 대학원생에게 이러한 박봉의 일자리들은 곤란의 출처인 동시에 경제적 활로이기도 합니다. 약 500만~600만 원에 이르는 사립대학교의 한 학기 등록금과 생활비를 일부나마 충당하면서 강의를 듣고 연구를 하고 또 글을 쓸 시간을 최대한 확보하려면 주말에는 다른 아르바이트를 하더라도 평일에는 학교 내에서 돈 벌 방도를 마련하는 것이 중요합니다. 게다가 책상! 조교가 되면 학교 내에 자신의 물리적 거점을 가질 수 있다는 것도 큰 장점입니다. 비록 업무를 보라고 주는 책상과 컴퓨터일지언정 그 덕에 노트북과 책을 짊어지고 도서관이나 인근 카페를 전전하지 않아도 되니까요. 수업조교, 연구조교, 행정조교의 장점은 교내에서 돈을 벌고 책상을 얻을 수 있다는 데 있습니다.

 대학원 특유의 분위기 혹은 '문화' 때문에 일을 하게 되는 대학원생들도 있습니다. 내가 자리를 고르는 게 아니라 자리가 나를 고르는 것입니다. 조교든 학회 간사든 지명할 권한을 지닌 교수가 나에게 일을 시키고 싶어 한다면 피할 길이 마땅치 않습니다. 어떤 학회에서 이사나 기타 직책을 맡은 교수의 지도 제자들이 거의 자동으로 그 학회의 간사 업무를 보게 되는 것은 흔한 일입니다. 어떤 대학원생은 "어느 날 아침, 전화 한 통과 함께 날벼락처럼 간사 자리가 나에게로 왔다."고 표현했습니다. 그 외에도 교수에게 잘 보이고 싶어서 혹은 그러한 자기희생이 학계의 발전을 위한 것이라고 진심으로 믿기에 박봉의 일자리를 기꺼이 끌어안는 대학원생들도 있습니다. 조금씩 형태는 다를지언정 이러한 욕망과 믿음들은 현재 한국 학계에서 성공과 권력이 할당되는 방식을 암시합니다.

실재하는 대학원생의 노동에 노동이라는 이름을

2014년과 2015년에 각각 한차례씩 전국 대학원생들을 대상으로 실태조사가 추진된 바 있습니다. 2014년의 조사는 '대통령직속청년위원회'에서, 2015년의 조사는 '국가인권위원회'에서 주관했습니다. 이 조사들은 대학원생의 연구 환경과 생활 조건 전반, 그러니까 공부하고 돈을 벌면서 삶을 꾸려가는 모습이 어떠한지를 포괄적으로 다룹니다. 여기서는 두 가지 항목만을 언급하고자 합니다. 우선 대학원생이기 때문에 할 수 있는, 또는 하게 되는 일에 종사 중인 실제 대학원생들의 수입니다. 대통령직속청년위원회의

2014년 조사는 63퍼센트가 그리고 국가인권위원회의 2015년 실태조사는 65퍼센트 이상의 대학원생이 조교를 포함한 학내 근로를 수행한 바 있으며 스스로를 학생-근로자로서 인식하는 것으로 집계[31]합니다.

이처럼 대학원생이 학위 과정 중에 어떤 형태로든 일을 하게 되는 것은 그 자신의 경제적 필요에 의해서도, 그리고 대학-학계의 요구에 의해서도 필연적인 결과입니다. 그리고 오늘날 대학원생의 노동 없이 유지, 운영될 수 있는 대학과 학계는 존재하지 않습니다. 대학원생이 대학과 학계에서 상당한 일을 하게 된 데에는 복잡한 역사적 맥락이 있습니다. 앞서 특정 시점 이후의 대학과 대학원을 경험해보지 못한 사람들은 대학원생의 노동자성 주장이 의아하기만 할 것이라 짐작한 까닭 역시 이러한 역사적 맥락, 그러니까 1990년대를 기점으로 가속화된 대학원의 팽창이라든지, 국가 R&D의 적극적인 발주와 수주라든지, 연구 재단 주도의 학회 평가 체계 개편이라든지 하는 변화 때문입니다. 하지만 여기서는 그 맥락들을 깊게 파고드는 대신 현재와 미래에 대한 이야기에 집중해보겠습니다.

분명한 사실은 대학원생 행정조교의 근로자성 정도가 고용노동부의 행정해석을 통해 언급된 바 있을 뿐 앞서 열거한 대학원생의 일 가운데 대부분이 법과 제도의 층위에서 '근로'로 인정받지 못하고 있다는 점입니다. 학원에서 강의 운영과 학생 관리를 위해 조교를 쓴다고, 사설 연구소에서 신입 연구원을 고용해 그에게 자료의 수

31. 대통령직속청년위원회 외, 『대학원생 연구환경실태 보고서』, 2014, 3쪽. 국가인권위원회, 『대학원 연구환경에 대한 실태조사』, 2015, 104쪽.

집과 분류를 시킨다고, 단체에서 행사에 사용할 책자와 포스터 제작을 편집자와 디자이너에게 맡기거나 행사 당일 절차들을 원활히 진행하는 데 요구되는 의전 인력을 동원한다고 생각해볼까요. 이 모두는 근로기준법이라는 (최소) 기준 아래에서 이루어져야 할 근로임이 분명합니다. 하지만 형식과 내용이 같은 일이라도 대학원생이 담당하는 순간, 그것은 근로가 아닌 무언가가 되어버립니다. 그 결과 대학–학계에서 일하는 대학원생은 노동법과 사회보장제도의 적용에서 예외가 됩니다. 일은 일대로 하면서 적정 시급, 퇴직금, 휴가 등을 보장 받지 못하는 데다 4대 보험 미가입자 상태로까지 있게 되는 것입니다.

또한 대학원생의 노동이 '제도 바깥의 노동'이다 보니 그 강도와 내용, 범주는 물론 대가의 분배가 전적으로 대학 본부나 교수의 재량에 의해 좌우된다는 점도 문제입니다. 특히 업무를 지시하는 상관이자 장학금 추천, 학술적 성과의 판단, 학위 논문 통과 등에 재량권을 지닌 지도교수 때문에 고통 받는 대학원생을 많이 봤습니다. 일을 시키는 쪽과 그 일을 하는 쪽, 이 양자의 관계를 다루는 공적 규범이 부재하는 상태에서는 이른바 '갑질'이 횡행할 수밖에 없습니다. 물론 인격적으로 훌륭한 교수도 있습니다. 행여 그런 교수를 만난다고 한들 그것은 개인의 행운일 뿐 대학–학계의 조건 일반과는 무관한 일입니다. 구조 자체를 건드리지 않으면 근본적 개선을 기대하기 힘듭니다.

이미 대학원생의 삶 속에 노동이 실재합니다. '노동이 실재'한다는 것은 그에 따라 보장 받아야 할 권리 또한 존재한다는 의미입니다. 최저 임금, 근로 시간, 휴가 등에 관한 법적 규정은 '인간

답게 살 권리'라는 헌법상 가치를 반영한 현대 사회의 보편 준칙에 해당합니다. 하지만 대학은 유난히 이 보편 준칙을 따름에 있어 기민하지 못한 모습을 보이고 있습니다. 정확히는 그러한 문제에 관한 대학-학계 내부의 논의조차 본격적으로 이루어진 적이 없다고 해야 할 것입니다. 관습과 관성대로 하는 편이 운영을 하는 쪽, 그러니까 대학 본부와 교수들에게는 편한 일입니다. 노동력이 필요한 여러 자리에 대학원생을 씀으로써 실제로 인건비 지출을 크게 절감해온 것도 사실입니다. 이는 곧 "그러면 안돼. 이제는 달라져야 할 때야."라는 강력한 주장 없이는 대학원생의 처우가 개선될 가능성이 매우 낮음을 의미합니다. 물론 그러한 주장은 대학원생 자신 외의 다른 출처를 가질 수 없을 테고요. 그래서 대학원생노동조합이 설립된 것입니다.

첫째, 대학원생으로 하여금 학업을 지속하기 어렵게 만드는 현실의 여러 문제로부터 연구 환경 개선을 위해 시급하게 해결되어야 할 보편적 과제를 도출하기. 둘째, 대학원생의 목소리를 한데 모아 입법부와 행정부에 제도 개선안을 제시하고 이것이 관철되도록 압박하기. 셋째, 대학 본부 혹은 교육부 상대의 단체협상을 통해 노동, 연구와 관련된 실질적 처우를 제고하기. 마지막으로 이른바 '학문 후속 세대'인 대학원생의 조건을 대학원생 스스로가 개선해나가는 가운데 종국에는 고등교육 기관이자 연구 기관으로서의 대학(원)을 민주적이며 평등한 장소로 재구성하기. 대학원생노동조합의 기치는 이것입니다. 실제로 북미 지역에서는 1960년대부터 대학원생노동조합이 결성되기 시작, 지금은 미국 내에만 총 10만 명 이상의 조합원을 확보했습니다. 이들은

3~5년마다 대학 본부와 단체협상을 진행하여 일하는 대학원생들의 임금, 의료보험 수가, 기타 업무 규칙 등을 결정합니다. 필요할 경우 집회나 파업 같은 단체행동에 나서기도 하고요. 이에 대한 자세한 내용은 「4. 대학원생의 노동조합은 대학을 바꿀 수 있을까: 선례들」에서 다시 다루도록 하겠습니다.

3. 이 와중에 저는 운동이 처음이라

설립 총회의 위원장 선거에 출마하기로 한 일, 이는 분명 심사숙고 끝에 내린 결정이었지만 그렇다고 결단과 동시에 근심이 일소되지는 않았습니다. 아무리 봐도 예민하고 압박감에 취약한 나의 성정과 맞는 자리가 아닌데, 그래서 되도록이면 큰 책임을 질 일은 애초에 만들지 않는 게 그간의 인생 전략이었는데, 그러므로 남을 보좌하거나 결정 사항을 이행하는 역할 정도가 깜냥에 딱 맞는데…. 가장 큰 걱정은 저에게 '운동 경험'이 전무하다는 점이었습니다. 이전의 몇몇 활동은 그야말로 뜻이 맞는 소수의 동료와 서로의 개인적 역량에 의지해 진행한 것이지 시민 운동 단체나 학생회 등 공적 조직에 속해 체계적인 훈련을 받은 적은 없었습니다. 그나마 이력 비슷한 거라고는 석·박사 과정을 밟는 5년 남짓의 시간 동안 학과 대표를 했던 게 전부인데 이건 정치적 대표성과 거리가 먼, 집사나 행랑아범에 가까운 역할이었고요. 어쨌거나 해야 하고 또 하게 된 일, 2년의 임기 동안 조직에 속해 일하는 한 사람으로서 이것만은 꼭 지키자고 다짐한 내용들이 있습니다.

첫 번째는 운동 안에서 '나'라는 사적 자아와 인격이 핵심이 아님을 잊지 말자는 것입니다. 조직의 간부 직함을 달고 일하다 보면 무언가를 요청하는 사람들과의 직·간접적인 만남이 잦을 수밖에 없습니다. 기사에 실을 짧은 논평을 구하거나 인터뷰를 요청하는 기자들, 제도 개선을 위한 비공식 면담과 간담회 등을 함께하는 국회의원과 그 보좌진 또는 행정부의 관료들 그리고 절박한 상황에서 도움을 구하는 대학원생 제보자들에 이르기까지. 이에 더해 내부적으로는 조합원들이 그리고 외부적으로는 여러 연대 단위의 관계자들이 베푸는 호의도 받고요. 이러한 경험을 거듭하다 보면 마치 사적인 인격으로서의 자기 자신이 중요하고 유능한 존재가 된 것 같은 착각에 빠질 법합니다. 자칫하면 이른바 '자아 효능감'을 만끽하는 가운데 더 큰 자기애에 함몰되기 위해 운동을 하는 식의 전도가 발생할 수도 있고요.

하지만 위에서 언급한 상황들은 어디까지나 조직의 공적 활동을 전제로 발생합니다. 사람들이 실제로 주목하는 것은 조직이며 그들이 관심을 가지는 것 역시 조직의 목표와 전망입니다. 누군가가 나의 이야기에 귀를 기울인다면 이는 그 순간 나라는 개인의 입을 통해 발화되는 것이 조직의 입장이기 때문입니다. 누군가가 나에게 건네는 환대와 호의는 신생 조직의 대의와 이를 실현하기 위해 모인 구성원 모두를 향한 지지와 응원입니다. 요컨대 직위와 직함은 조직 내에서 한 활동가에게 어떤 종류의 권력이 얼마만큼 위임되어 있는가를 나타내며 근본적으로 사적 자아의 속성이나 욕망과는 무관한, 공적 관계 안에서의 기능과 책임을 가리키는 표지입니다.

그렇기 때문에 직함을 가진 개인은 구성원들의 보편적 의지를 재현한다는 조직의 목표에 준해 자신에게 한시적으로 위임된 권력을 적절하고도 신중하게 사용해야 합니다. 이쯤 되면 개인의 자아 효능감 따위는 한낱 운동의 부산물이며 공동의 목표를 향한 노정 속에서 이내 잊히기 마련인 무언가에 지나지 않습니다. 그러므로 "내가 누구이며 어떤 사람인가?" 대신 "운동 안에서 어떤 기능—실무적으로든 헤게모니적으로든—을 담당하는 일부로서, 어느 자리에 있는가?"를 탐구하는 편이 언제나 더 낫고 종국에는 자아 효능감을 만끽할 자아의 존재 자체가 중요하지 않게 되는, 그러한 순간을 기꺼이 맞이할 준비가 되어야 한다고 여겼습니다.

두 번째는 외부의 모순을 향해 그러하듯 스스로에게도 넉넉한 적대를 할애하자는 것입니다. 사람이 무언가에 대한 관심과 개입을 오래 지속할 경우 빠질 수 있는 두 가지 상태가 있는데 하나는 충실함, 다른 하나는 편집적 사고입니다. 양자는 세계와 자신을 파악하고 변화를 위해 필요한 전략을 선택함에 관점과 사고, 해석, 실천의 일관성을 부여한다는 점, 내적으로 체계화된 개인의 확신을 그 바탕에 두고 있다는 점 그리고 사람으로 하여금 무언가를 집요하게 해나갈 수 있게 하는 동력이 된다는 의미에서 '헌신'과 연결된다는 점, 마지막으로 이전과는 상이한 주체성의 영역으로 진입하도록 강제한다는 점에서 비슷합니다. 하지만 충실함이 신념의 지속과 관철을 위해 자아를 포함한 세계 전체와의 고통스러운 대면을 거듭 받아들이는 것과는 달리 편집적 사고는 현실 모순의 모호하고 복잡다단한 특성을 단순화하고 외면하는 데 특화된 작용입니다. 따라서 충실함이 자아의 반복적인 훼손-갱신을 야기하는 것과 반대로 편집적 사고는 기존에 고수하던 주관성의 강화와 함께 음모론의 신봉, 인과와 선후 관계의 착각, 확증편향과 인지부조화 등으로 귀결됩니다.

스스로를 향한 적대가 중요한 까닭이 이것입니다. 앞서 언급한 것과 같이 충실함 그리고 편집적 사고의 두 가지 상태는 그 특성과 외양이 비슷하기 때문에 구분이 어렵습니다. 어찌 보면 오로지 헌신을 통해 이루고자 하는 가치의 성격, 그리고 그 실현을 향해 가는 노정이 맹목과 광신 아래에 있지 않도록 하는 성찰의 수준에 따라 갈리는 명명만이 실재인지도 모릅니다. 또한 심리적 근본 원리로서 자아를 보존하고자 하는 경향이 작동하는 이상 인간이 편향으로부터 완벽하게 자유로울 수는 없기에 자기 객관화를 위한 다짐과 성찰을 반복하는 고통스러운 과정만이 유일하게 확신 가능한 것일지도 모릅니다. 그러므로 조직의 사업이 분업과 협업에 의지한다는 것은 참으로 다행스러운 일입니다. 대부분의 경우 독단보다는 숙의 끝에 도출된 공동의 판단이 편집적 사고의 위험 관리 측면에서 더 유리하니까요. 동료가 운동의 가장 소중한 자산이며 사업의 추진 못지않게 이후의 평가와 반성이 중요하다는 말도 이러한 맥락에서 나온 것이겠죠.

마지막은 더 구체적인 관계와 자세의 문제를 염두에 둔 다짐입니다. 사회적 진보를 겨냥하는 운동 안에서는 모두가 동등하다는 원칙을 기억하고 활동 과정에서 만나는 사람들과의 관계 속에서 기존에 이미 충만한 위계, 즉 국적, 나이, 성별, 학력, 직업 등에 근거한 통념의 상하 관계를 답습하고 강화하지 않도록 주의하자는 것인데요. 어떤 운동이든 그것이 건설하고자 하는 새로운 세계의 준칙과 특성을 앞서 따르고 또 자신의 내부에서 실현한다는 과제를 설정하게 되는 것은 필연적인 일입니다. 대학원생노조는 제도와 문화의 개선을 통해 궁극적으로는 대학을 민주적이고 평등한 장소로 재구성해내기 위해 만들어진 조직이고 그 운동의 노정 역시 민주와 평등의 기치를 따름이 마땅할 것입니다. 조직의 운영 그리고 대학과 학계를 현장으로 삼는 여러 연대 단위와의 관계라는 두 측면 모두에 있어서요. 실제로 우리 노조는 대학원생이라는 직군의 독특한 이해 관심을 대변하는 동시에 대학 민주화라는 보편적 가치를 향한 큰 흐름 안에서는 학생 운동과 노동 운동이 교차하는 지점에 위치했고 자연스럽게 교수, 비정규교수, 교직원, 시설 노동자들의 조합 그리고 대학원·학부의 학생회·운동 단위들과 긴밀한 관계를 맺으며 사업을 진행했습니다.

　기존에 충만한 위계를 운동 안에서 답습하지 않는 일, 다시 말해 운동 안에서 모두가 동등하다는 기치를 추구하는 일은 지식과 실천에 관한 근본적으로 새로운 가설의 신뢰를 요구합니다. 우리 모두가 지적으로나 실천적으로나 평등한 역량을 지니고 있음은 물론, 이 역량의 평등을 매개로 한 연결을 통해 서로의 차이를 가로지르는 보편적 목표를 설정하고 또 이에 가닿을 수 있음을 믿는 일이 바로 그것입니다. 평등에 대한 신뢰가 지탱하는 이러한 관계는 정치적으로 부적절한politically incorrect 행위의 모든 가능성을 회피하는 가운데 '금지의 경직된 목록'을 만들고 지키는 것만으로는 실현될 수 없으며 오히려 서로를 불편하게 만드는 이질성 그리고 그 출처가 되는 각자의 경험과 관점의 차이를 있는 그대로 대면하고 또 주의 깊게 해석하는 노고를 요구합니다. 덧붙여 평등의 신뢰를 유지하는 힘은 남보다 도덕적으로 탁월한 사람이 되기를 욕망하는 자아의 시혜적이고 온정적인 태도가 아니라 '실제로 평등이 우리 사이에 존재하기 때문에 우리는 평등함'을 믿는 연대의 자세로부터 나옵니다. 이것이 구체적인 관계와 자세의 문제에서 제가 믿는 바이자 지키기로 다짐한 원칙이었습니다.

그래서 2년 동안 다짐한 바를 완벽하게 지켰냐하면 그렇지는 못했습니다. 절반의 실패와 절반의 성취라고 평가할 수 있겠네요. 일이 어떻게 돌아가는가를 좀 알겠다 싶으니까 임기가 끝나버리기도 했고, 그릇보다 큰 목표를 잡은 탓도 있습니다. 절반의 실패는 타인과의 관계에 있어 이전의 사사로운 일상에서 고수하던 자세, 그러니까 자아라는 경계에 천착하는 경향을 완전히 버리지 못했다는 점에서 기인합니다. 특히 임기 초에는 딴판의−좀 더 정확히 말하자면 도무지 이해가 가지 않는−가치관이나 목적의식을 가진 사람들을 대할 때 동반되는 긴장과 짜증을 적절히 다루는 것이 쉽지 않았습니다. 이따금씩 사적인 관계에서 그리 해왔듯 접촉의 여지 자체를 없애면 편하고 좋겠다는 생각이 들더군요. 물론 실행으로 옮길 수는 없었지만요. 다행히 타인을 향한 인내의 역량이 탁월한 동료 그리고 어떻게든 협력의 가능성을 찾고야 말겠다는 의지가 확고한 동료가 있어 이들을 버팀목으로 삼았습니다. 그러다 저도 동료들의 강하고 긍정적인 면모에 감화되었는지, 타인과의 불편한 차이 또한 운동이 대면하고 적절히 다뤄야 할, 근절할 수 없으며 그래서도 안 될 현실임을 긍정할 수 있게 되었습니다. 물론 긍정한다고 해서 긴장과 짜증이 완전히 사라지는 것은 아닙니다. 서로의 현재를 긍정한 이후에만 가닿을 수 있는 지점이 있기에 받아들이는 것이죠.

나머지 절반의 성취란 사실상 앞서 언급한 절반의 실패와 떼어놓을 수 없는 한 몸입니다. 타인을 대하는 일이 어떤 좌절감을 동반할지언정 이를 대면하고 수용하는 끝에 관계의 새로운 가능성과 지평을 보게 되듯 그리고 약점을 고백하고 의지할 때 비로소 동료들이 버팀목이자 스승이 되어줄 수 있듯 제가 이야기하는 성취란 하나같이 실패를 경유해서만 가닿을 수 있었던 지점들뿐입니다. 아무튼 가장 중요한 성취는 오늘보다 내일의 세계가 더 나은 곳이 되도록 무언가를 도모하고 실행하는 절차에 대한 믿음이 강해졌다는 것입니다. 어떻게 보면 이는 이론의 실용적 의의를 거듭 확신하는 계기이기도 했습니다. 책상 앞에만 머물던 시절에 이미 이론은 생산적인 신념의 중요성을 제시함으로써 회의주의자에 가까웠던 저를 부순 바 있고, 이러한 이론의 인식론적 쓸모에 관한 의식이 있었기에 조직 운동에서 일정한 역할을 맡겠다는 결단이 가능했습니다. 자아와 자아 효능감, 충실성과 편집적 사고, 관계의 평등이라는 주제에 결부된 다짐들 또한 일정한 이론적 배경에 의지해 설정한 것들이었고요. 그리고 활동을 전개하는 와중에 다시금 이론이 판단과 행위의 중요한 준거가 되는 등의 실천적 쓸모를 지님을 절감했습니다. '정치적인 것', '정치적 절차'의 개념과 범주를 설정하거나 식별하기, 불화와 갈등의 존재론적 의미와 사회적 의미를 따로 또 함께 생각하는 일, 특수성과 보편성의 관계, 여기서 더 나아가 자아 정체성과 주체성의 변별점 그리고 주체성은 어떻게 구성되는가라는 질문에 이르기까지…. 모든 정치적 활동이 예외 없이 상대하게 되는 이러한 주제들을 다룸에 이론은 활동가로 하여금 무작정 감정을 앞세우기보다 이성을 활용해야 한다는 기본 원칙을 지키는 동시에 지금의 구조가 허용하는 선택지들을 넘어서는 최대의 상상력을 발휘하도록 하는 동력이 됩니다.

실패와 성취 혹은 실패의 형태로만 달성되는 성취. 그리고 앞으로 어디서 무엇을 하든 계속 가져가야 할 미결의 다짐들. 이상이 짧은 조직 활동 후 저에게 남은 것들입니다. 이것들을 잘 간직하고 소용한다면 다음번에는 '더 낫게 실패'할 수 있을지 모릅니다. 결국 유일하게 확정된 미래는 더 나은 실패들의 연속이 있을 것이며 그럼에도 조금씩 앞으로 나아가리라는 것뿐입니다. 이와 같은 미래상은 경향 분석이나 과학적 예측 혹은 어떤 결정론에 따라 도달하게 되는 결과와는 다르며 순전히 믿음이 지탱하는 전망입니다. 더 나은 실패와 그 반복의 가능성을 저는 믿고자 합니다.

4. 대학원생의 노동조합은 대학을 바꿀 수 있을까: 선례들

먼저 그 길을 걸은 이들이 있었으니…

적어도 박사 과정은 해외로 유학을 가고 싶다고 말하는 대학원생이 많습니다. 이유는 여러 가지입니다. 복합적이기도 하고요. 우선 연구 활동 자체의 유리함을 들 수 있겠습니다. 한국에 유통되는 이론과 학술 담론 중 상당수가 영미권이나 유럽에서 비롯했기에 '본토'에 가서 '석학'의 강의를 듣고 방대한 자료를 마음껏 뒤지며 심층적인 공부를 해보고 싶다는 야망을 품고 유학길에 오르는 이들이 많을 것입니다. 외국어로 읽고 쓰는 실력을 닦을 기회이기도 하지요. 그에 더해 "마음 편하게 내 공부에만 집중할 수 있어서 좋을 것 같다."는 포괄적 연구 환경에 대한 기대가 작동합니다. 이때의 '환경'에는 자금 지원에서 오는 경제적 안정성은 물론이고 수평적 관계를 지향하는 문화 덕분에 상급자의 불합리한 요구나 '갑질' 등이 퍽 드문 대학-학계의 분위기 또한 포함됩니다.

그런데 북미 지역 대학원에서 그러한 환경이 구축되어온 과정은 그 멋진 현황만큼 회자되지 않는 듯합니다. 아니, 정확히 말하자면 회자될 기회가 없었습니다. 통상적 발화에서의 북미 대학원은 '헬조선 대학원'과 대조되는 어떤 장소, 즉 선망의 대상이지 본격적인 분석의 대상은 아니라는 점도 그 이유 중 하나라 봅니다. 과연 저곳 대학원의 연구 환경은 처음부터 좋았을까요? 만일 점진적으로 개선되어온 것이라면 그 절차는 누가 견인했던 것일까요? 더 나은 대학-학계를 꿈꾸고 이를 실현하기 위해 노력해온 이들이 현실에 기입하고자 했던 가치는 무엇이며 그로써 어떤 성취를 이뤘을까요? 이 세 가지 문제를 해명하는 것이 이번 장의 목표입니다.

전국대학원생노동조합에게 북미 대학원의 연구 환경과 대학원생노동조합은 활동 방향과 목표를 설정함에 주의 깊게 살펴야 할 참조점이었습니다. 연구자의 방식대로 말하자면 '필히 검토해야 할 선행 연구'인 것입니다. 그런데 정보를 구하는 게 쉽지 않았습니다. 북미 대학원생노동조합의 활동 역사와 현황처럼 개괄적 사실들에 관한 문건은 제법 있었지만 이를 통해 비슷한 운동을 전개하는 조직의 입장에서 꼭 알고 싶은 내용들까지 파악하기는 어려웠습니다. 유학 중인 지인들을 통해 몇몇 대학에서 진행된 북미 대학원생노조의 파업 소식을 전해 듣기도 했으나 어떻게 조합에 가입하게끔 대학원생들을 설득하는지, 효율적으로 조합원들의 의견을 청취·수합하기 위해 어떤 방법을 사용하고 있는지, 조합에서 일하는 대학원생-활동가들의 업무 배정은 어떤 식으로 되어 있는지 그리고 대학 본부(혹은 전임교원들)와의 마찰을 어떻게 관리, 극복해왔는지 등을 소상히 알 도리는 없었습니다.

다행히 북미 지역의 대학원생노동조합들은 1992년 이래로 대학 울타리와 지리적 경계를 뛰어넘어 'CGEU^Coalition of Graduate Employee Union'라는 연합체를 마련했고 연 1회 'CGEU Conference'라는 행사를 개최, 서로의 상황과 사업 노하우를 공유하고 있었습니다. 그리고 2019년의 컨퍼런스는 8월 둘째 주, 토론토에서 열리는 것으로 예정되어 있었고요. 이때다 싶었습니다. 기존 자료들이 알고 싶은 내용을 담고 있지 않다면 가서 직접 묻고 들은 후 새 자료를 만들면 됩니다. 소중한 조합의 재정으로 떠나는 해외 출장인 만큼 최대한 많은 것을 얻어 와야만 했습니다. 출장 결정 후 한 달여 동안 이미 공개된 내용과 그렇지 않은 내용을 구별하고 직접 물어야만 알 수 있는 정보들 중 우리 조합에 꼭 필요한 것이 무엇인지, 각 항목 사이의 중요도는 어떠한지 등을 가늠했습니다. CGEU 담당자와 연락을 주고받는 과정에서 기대하지 않았던 특별 발표 시간을 할애 받기도 했습니다. 주최 측에서도 한국의 대학원생노동조합의 컨퍼런스 참석을 뜻깊은 사건으로 여기고 있으며 최고 수준의 환대를 표하려 한다는 것이 느껴졌습니다.

당시 우리 조합의 재정 상태에서는 딱 한 사람의 왕복 비행기 삯 정도만을 출장비로 집행할 수 있었습니다. 비행기 삯 외에 식비와 숙박비 그리고 기타 실비까지는 어떻게 해결할 방법이 없더라고요. 강태경 수석은 "제가 침낭을 가져가면 잠자는 것은 해결될 것 같은데요. 8월이니까 바깥에서 잔들 그렇게 춥지도 않을 테고…. 나머지는 어떻게든 알아서 할게요."라고 했습니다. 담대해서 멋지고 패기가 넘치는 자세이긴 했지만 실제로 그렇게 지내다 올 수는 없는 노릇이었습니다. 모두의 고민이 깊던 차에 토론토에서 체류 중이던 생면부지의 한국인 연구자 한 분께서 기꺼이 잘 곳과 먹을 것을 내어주시기로 했습니다. 9월부터 시작될 유학 생활을 준비하고자 미리 미국에 나가 있던 김선우 조합원도 토론토까지 먼 길을 달려와 인터뷰와 촬영 등의 실무에 손을 보탰습니다. 아무런 조건 없이, 물심양면으로 도와준 여러 분 덕에 이 사업이 성사될 수 있었습니다.

일주일의 체류, 사흘의 컨퍼런스 기간에 수석은 쉴 새 없이 정보를 수집하고 대학원생-활동가들을 인터뷰했습니다. 귀한 자료를 한 아름 얻고 그곳 활동가들과 동지적 관계의 초석도 다졌습니다. 덧붙여 한국 대학원의 상황과 개정 강사법 관련 쟁점을 소개하고 향후 대학에 속한 각국의 연구 노동자들이 공통적으로 직면한 문제의 해결을 위해 협력할 것을 약속하는 '선언'을 채택하기도 했습니다. 무엇보다 대학원생의, 대학원생에 의한, 대학원생을 위한 단체협상이 실제로 가능하다, 우리도 할 수 있다는 자신감과 함께 검증된 조합 운영의 청사진을 얻었다는 점이 가장 좋았습니다. 그 전까지는 필요 이상의 시행착오만을 겪다가 조직의 자원과 역량을 모두 소진해버리게 되는 것은 아닐까 싶어 영 불안했거든요. 나중에 들어보니 북미 대학원생노조들이 마련해 온 단체협상의 내용과 전략 그리고 조직 운영의 원칙 등을 보며 저와 마찬가지로 수석과 다른 집행부원들 역시 많은 용기를 얻었다고 합니다.

북미 대학원생노동조합, 40여 년의 역사

북미 지역에서 대학원생노동조합이 결성되기 시작한 것은 1960~1970년대의 일입니다. 미국의 첫 대학원생노동조합은 위스콘신–매디슨대학교의 'Teaching Assistant's Association[TAA]'으로 1966년에 설립되었으며 3년 후 노동조합으로서의 법적 지위를 획득[32]했습니다. 캐나다의 경우 1973년 토론토대학교에서 대학원생이 7명이 노조 설립을 추진, 1975년 'Graduate Assistant's Association[GAA]'으로서 공식화되었습니다. 연구와 교육을 담당하는 기관으로서의 대학 내에서 대학원생의 지위와 역할을 무엇이라 규정할 것인가? 그 규정을 어떻게 대학이라는 제도이자 공동체의 새로운 준칙으로 확립해낼 것인가? 두 노조 모두 이러한 물음을 제기하고 그에 스스로 답하는 일을 조직의 중요한 과업으로 설정했으며 이는 이후 촉발된 여타 대학의 대학원생노동조합 운동이 보여주는 공통적 지향이기도 합니다.

자연스럽게 대학원생–조교의 노동자성을 인정 받는 일, 즉 조교의 업무가 여타 임금 노동과 동질적이며 거기에 임하는 이들의 의무와 권리라는 문제에 있어서도 관련 법률과 제도에 준한 재정의가 필요하다는 사실을 선언하는 일이 첫 번째 과제가 됩니다. 노조 설립은 바로 그 선언이 조직의 결성, 즉 단결권의 행사라는 형태로 외화된 것이라 할 수 있습니다. 단결권 행사 이후 북미 대학원생노조들은 기존 제도와 체계에 '대학원생의 노동'이라는 새로운 개념을 기입, 안착시키기 위한 활동을 지속합니다.

32. Graduate Worker Union of UW-Madison(TAA), https://taa-madison.org/

이를테면 토론토대학교 대학원생노조는 초기 사업의 일환으로 약 444개에 달하던 조교들의 업무와 급여 유형을 조사, 이를 종합하여 세 가지로 계열화하는 동시에 명확한 채용 절차를 제안했습니다. 담당 교수 등에 의해 임의적으로 할당, 결정되어온 개별 조교 노동들의 형식과 내용으로부터 보편성을 추출한 다음 이를 본격적인 제도의 영역에서 노동 일반으로서 다루기 위한 주춧돌을 세운 것입니다.

노동자성에 토대를 둔 학문 후속 세대의 조직적 활동은 더 근본적인 변화를 동시에 겨냥합니다. 위스콘신-매디슨대학교를 포함한 다수의 대학원생노동조합은 온갖 차별을 철폐하고 그들의 발언과 참여의 권리를 확대함으로써 대학 교육 전반을 개혁하는 것을 중요한 목표로 생각하고 있습니다. 이러한 목표 역시 대학원생-노동자의 처우 개선과 밀접한 관계에 있는데, 실제 학부생 대상의 토론 수업과 강의 진행에 상당한 역할을 담당하는 조교들이 단체협상을 통해 급여와 휴가, 근무 내용과 같은 현실적 조건의 개선안을 갱신하는 과정에서 대학 민주화와 문화적 진보를 위한 항목들을 함께 요구하기 때문입니다. 요컨대 자유롭고 평등한 대학의 재구성이란 결국 대학에 속한 구성원들이 저마다의 이해 관심에 충실하여 정치적으로 결사할 자유와 조직 간 대등한 협의에 따라 실질적 평등의 수준을 끌어올릴 기회를 점할 때 가능한 일입니다.

초반에 대학을 상대로 한 단체협약 체결의 흐름을 이끌었던 것은 일부 주립대학교의 대학원생노동조합들이었습니다. 그 외의 보수적인 정치 성향을 가진 주에 위치한 주립대학교와 사립대학교의 대학원생노동조합들은 단체협약 체결 이전에 대학원생의 노동자성과 이를 전제로 성립하는 노동조합의 법적 지위를 획득하는 데 많은 시간을 할애해야 했습니다. "대학을 영리 사업의 수행 기관이라 볼 수 있는가? 그리고 학업을 본분으로 하는 대학원생의 강의와 연구 보조를 노동으로 간주할 수 있는가? 그리하여 대학 본부와 대학 내에서 일하는 대학원생의 관계를 노사 관계와 동질적인 것으로 판단할 수 있는가?"와 같은 질문들에 대한 연방과 '연방노동관계위원회National Labor Relations Board'의 판단 또한 몇 년을 주기로 뒤집혔습니다. 이처럼 대학원생들의 새로운 요구를 마주한 기존 법·제도의 보수성과 혼란이 조직적 성장세에 부침을 가져왔음에도 1960년대부터 현재에 이르기까지 북미 지역 대학원생노동조합의 운동은 꾸준히 이어져왔습니다.

2010년 이후 가장 기념비적인 연방노동관계위원회의 결정은 2016년의 것으로, 대학원생 조교의 노동자성을 인정하고 그들이 노동관계법의 보호 대상임을 공표했습니다.[33] 이 결정을 계기로 미국 전역의 여러 사립대에서 노조 설립을 위한 예비 조합원 총투표를 진행[34]했으며 전체 대학원생노동조합의 성장세 역시 가파르게 상승하게 됩니다. 그 결과 미국에만 현재 60여 개 대학에 TA, GA 그리고 여타 근무 형태의 대학원생-노동자들을 모두 포괄하는 대학원생

33. 「미국, 대학원생·조교도 노조 구성할 권리 인정」, 『경향신문』, 2016. 8. 24.

34. 북미와 한국의 노동조합 설립 절차 사이에는 차이가 있습니다. 한국에서는 필수 보직(대표자, 회계감사)을 담당할 2인 이상의 (예비)조합원만으로 노동조합을 설립할 수 있으며 이후 조직 사업을 통해 조합원을 확대하는 것이 가능합니다. 그러나 북미에서는 먼저 사업장의 노동자 전체를 대상으로 한 총투표에서 과반 이상의 찬성을 득해야 비로소 노동조합을 설립할 수 있습니다.

노동조합이 활동 중이고 총 조합원 수는 10만 명이 넘습니다. 그러나 대학원생노동조합의 교섭 요구에 응하지 않기 위해 비협조적인 태도로 일관하는 대학도 적지 않은 가운데 '미국교육의사회American Council on Education'나 '미국대학협회Association of American Universities' 등은 대학원생의 노동조합 조직과 관련 활동에 대한 반대 입장을 고수하는 상황입니다.

저는 이것이 매우 자연스러운 일이라고 생각합니다. 새로운 법률의 제정이나 행정부의 판단을 이끌어내 제도를 마련하는 것은 당연히 중요합니다. 하지만 이는 불합리한 현실의 개선에 있어 어디까지나 필요조건 정도의 의미를 지닙니다. 하던 대로 하는 것이 편하고 좋은 쪽에서야 새 제도에 반대하거나 그것을 '합법적으로 위반'하기 위해 여러 방법을 고안할 것이고 제도의 위상은 언제나 불안정하기 마련입니다. 그러므로 제도의 마련 이후 그것의 안착과 관철까지는 또 다른 전략과 노력이 요구됩니다. "대학 내에서 일하는 대학원생이 노동자성을 지님을 인정하고 그 권리와 역할을 제도로써 공식화하는 가운데 대학을 민주적으로 다시 구성해내야 한다."는 선언을 현실에 기입하고 안착시키기 위한 당사자 조직의 운동이 지속과 반복을 담보해야 하는 까닭이 여기에 있습니다.

북미 대학원생노동조합의 성과: 단체협약

설립과 법적 지위의 확보 이후 상당 기간 대학 본부와의 단체 협상을 이어온 대학원생노동조합들의 경우 대학원생의 연구 환경 개선과 직결되는 혜택을 여럿 성취했습니다. 주목할 점은 단체협약의 각 항목이 상당히 구체적이며 업무 시간 중의 상황은 물론, 그 외 일상생활 영역까지를 두루 포괄한다는 사실입니다. 여기서는 'CGEU Conference 2019'에 참석했던 북미 대학원생노동조합들의 단체협약 중 눈여겨볼 만하다고 생각되는 내용들을 소개하려 합니다. 토론토대학교와 웨스턴온타리오대학교, 매사추세츠대학교―애머스트캠퍼스, 요크대학교 그리고 사이먼프레이저대학교의 사례를 중점적으로 다룰 예정입니다.[35] 보통 단체협약에는 온갖 노동 조건과 처우의 문제를 아우르는 항목 수백 개가 기재되어 있지만 여기서는 서술의 편의상 '업무와 보상(노동과 휴식)', '건강권', '평등할 권리'의 세 가지 갈래를 임의로 설정했음을 미리 밝힙니다.

• 대학원생―노동자, 그 처우의 바로미터: 노동 그리고 급여

캐나다 최초의 대학원생노동조합인 토론토대학교 대학원생노동조합은 단체협약을 통해 TA뿐 아니라 강의와 연구의 운용에 관계하는 모든 학생―노동자 직군의 조합원 9,500명과 비조합원의 처우를 두루 규정하고 있습니

35. 통상적으로 북미 대학원생-노동조합들과 각 대학 사이의 단체협약은 3~5년을 주기로 갱신되며 본문에서 소개하는 내용은 2019년 시점의 최신 단체협약입니다. 따라서 책이 출판되는 시점에는 몇몇 대학의 단체협약에 변동이 있을 수 있습니다.

다. 최근의 단체협약에 따르면 토론토대학교 TA의 급여는 시간
당 45.33달러이고 방학 중에는 이에 4퍼센트가 가산됩니다. 그
리고 5년 이상 일한 TA는 기본 급여보다 2퍼센트 더 높은 액수를
받습니다. 일단 기본 급여가 퍽 높고 방학 중에 이루어지는 노동
과 근속 연수에 대해 일정한 추가 보상을 인정한다는 점이 가장
먼저 눈에 띕니다. 이는 우선 TA의 노동이 단순한 잡무나 심부름
이 아니라 강의 진행과 교육의 측면에서 중요한 가치를 지닌다는
점 그리고 총 노동 시간의 증가가 숙련도의 향상으로 연결된다는
점에 관한 고려가 반영된 결과입니다. 무엇보다 이러한 급여액
이 단체 협약 갱신을 통해 꾸준히 인상, 보완된 '잠정적 상태'라는
사실에 주목해야 할 것입니다. 2019년 TA 급여는 2018년 대비
1.8퍼센트 증가했고, 이후 갱신된 단체협약은 2019년과 2020년
에 각각 2퍼센트의 급여 인상을 시행[36]하는 계획에 대학원생노
동조합과 대학 본부가 합의했음을 보여줍니다.

웨스턴온타리오대학교의 단체협약에는 TA 급여의 인상 내력
이 더 소상히 나타나 있습니다. 2017년 여름학기에 43.61달러이
던 시급을 매 학기 약 1퍼센트씩 인상, 2019년 가을학기 개시 시
점에는 45.83달러가 기본급으로 지급됩니다. 이는 온타리오주
의 당해 연도 최저 시급과 거의 같은 액수입니다. 또한 별도의 항
목을 통해 고용기준법[ESA, Employment Standards Act]에 근
거하여 모든 대학원생-노동자가 휴가 수당에 대한 권리를 지님을 밝히고 있습니

36. University of Toronto Education Workers
(CUPE 3902), 'Collective Agreement
between The Governing Council of the
University of Toronto and The Canadian
Union of Public Employees Local 3902,
Unit 1(2018. 1. 1.~2020. 12. 31.)', https://
www.cupe3902.org/

다. 사전에 기간을 정하는 보통의 휴가 외에 대학원생−노동자의 사정에 따라 긴급하게 요청되는 병가, 육아 휴직 등도 함께 보장됩니다. 덧붙여 웨스턴온타리오대학교의 단체협약은 "당사자(대학 본부와 대학원생노동조합) 사이의 협상에 따라 정해진 온갖 급여와 그 인상에 대한 사항은 대학원생−노동자의 실제 수령액의 증가로 이어져야 한다. (…) 임금의 인상이 이루어졌다는 이유로 여타 장학금이 환수되는 일 또한 없을 것이다."[37]라는 점을 명문화함으로써 노동자와 사용자 간 단체협약에 의해 결정된 내용이 지니는 공식적이면서도 독립적인 위상을 분명히 하고 있습니다.

이렇게 대학원생노동조합과 대학 본부 사이의 합의가 지니는 위상의 공고함을 재차 강조하는 동시에 근로의 결과인 임금과 장학금을 구별 짓는 부분은 상당히 인상적입니다. 한국의 경우 대학원생의 노동자성에 관한 논의에 있어 근로 계약 체결과 각종 지원금의 수혜 자격 사이의 충돌이 난점으로 부각되기 때문입니다. 국가 장학금과 연구 재단 지원 사업은 통상 전일제 대학원생만을 그 수혜 대상으로 규정하는데 이때 전일제 대학원생임을 판별하는 주요한 기준은 '4대 보험에 가입되어 있지 않은 자'입니다. 따라서 4대 보험의 가입을 포함하는 근로 계약 체결은 기존에 받던 장학금이나 지원금의 박탈

37. "The parties agree that the full amount of any increase in wage rates negotiated by the parties shall result in a real increase of that amount in total monies received by the employee from the University. There shall be no clawbacks to other funding received from the University as a result of a negotiated wage increase.", 'Teaching Assistants and Postdocs at Western University (PSAC 610)', 'Collective Agreement between The UNIVERSITY of WESTERN ONTARIO and THE PUBLIC SERVICE ALLIANCE OF CANADA Local 00610(2020. 9. 1.~2023. 8. 31.)', p.32. https://www.psac610.ca/

로 이어집니다. 실제로 이공계 대학원생 중에서도 노동자성이 가
장 뚜렷한 축에 드는 정부출연 연구 기관의 학생연구원 기타연
수생을 대상으로 근로 계약 체결을 의무화하는 과정에서 이 문
제 때문에 일부 학생들이 연수를 포기하는 상황[38]이 빚어졌습니
다. 대학원생−노동자의 실수령 인건비와 장학금 양자가 매우 적
은 액수인 데다가 어마어마한 비용 지출이 발생하는 대학원 학위
과정을, 또 많은 수의 대학원생이 일을 하면서도 짧게는 4~5년,
길게는 10여 년의 기간을 사회적 안전망의 바깥에 자리하고 있
음을 생각할 때 실질적인 연구 환경의 개선이 이루어지려면 근로
계약의 현실화, 장학금 규모와 그 기준의 정비 등을 위한 관계 부
처 사이의 협력 그리고 대학 본부의 전향적 판단이 필요합니다.
그리고 이 전향적 판단을 견인하는 것은 선명하게 가시화된 대학
원생 당사자들의 목소리여야만 합니다.

• 지속 가능한 교육−노동과 연구 활동을 위하여: 건강권

대학원생−노동자와 사회 안전망 사이의 관계를 현실에 맞게 합
리적으로 설정하는 일은 북미 대학원생노동조합들에도 중요한
과제였고 특히 건강보험 문제가 화두였습니다. 1990년대 이전까
지 제도의 상상력은 '대학 본부가 보장하는 형태의 대학원생−노
동자 대상 건강보험'에까지 미치지 못했습니다. 그러던 1991년,
매사추세츠대학교 애머스트 대학원생노동조합은 단체협상의 요
구안을 통해 건강보험 문제 시정을
대학 본부에 요구합니다. 일하는 대
학원생들의 건강보험에 대해 사용

38. 「학생연구원 권익보호 한다더니…
양날의 검이 된 '근로계약 의무화'」,
『동아사이언스』, 2018. 4. 5.

자에 해당하는 대학 본부가 합당한 부담을 져야 한다는 취지였습니다. 대학 본부는 당연히 방어적인 입장을 취했습니다. 전면적 파업을 열흘 동안 이어간 끝에 결국 매사추세츠대학교의 대학원생-노동자들은 자신과 가족을 위한 건강보험료 지원을 쟁취합니다. 민영 보험사가 담당하는 치료비 지원의 영역이 넓은 북미 지역—미국의 건강보험 체계와 캐나다의 그것 사이에도 적지 않은 차이는 있지만—건강보험 체계의 특성상 한 사람의 노동자에게 부과되는 보험료 중 사용자가 어느 정도 비율을 부담하느냐는 치열한 쟁점일 수밖에 없습니다.

처음 매사추세츠대학교 애머스트 대학원생노동조합이 파업을 통해 쟁취한 대학 본부의 건강보험료 부담률은 한 사람이 납부해야 할 총액의 79퍼센트였습니다. 이후 여러 차례의 단체협상을 거치며 혜택이 점진적으로 확대되었습니다. 예를 들자면 2004년에서 2007년까지 유효한 단체협약에는 조합원에게 적용되는 치과 치료의 보조금 항목이 추가되었으며 이에 더하여 대학원생-노동자가 내야 할 가족의 건강보험료 납입액이 인하되었습니다. 현 시점의 단체협약에 따르면 대학원생-노동자 한 명이 민영 보험사에 납부해야 할 1년 건강보험료 총액인 3,719.00달러 중 대학 본부가 95퍼센트에 해당하는 3,533.04달러를 그리고 대학원생 본인이 나머지 5퍼센트에 해당하는 185.96달러를 부담합니다. 배우자와 자녀에게까지 적용되는 가족 대상의 건강보험료 지원은 부양의 책임을 진 기혼 상태의 대학원생에게 몹시 유용한 혜택이라 할 수 있습니다. 가족 건강보험료의 총액은 학기당 4,239.00달러로, 이 중 90퍼센트인

3,815.10달러가 대학 본부의 부담으로 할당됩니다.

그 외에도 매사추세츠대학교의 대학원생노동조합은 별도의 기금 조성을 위해 한 학기 5학점 이상을 수강하는 대학원생들을 상대로 '대학원생 건강 납부금Graduate Student Health Fee'을 부과하고 있습니다. 조합원들의 납부금을 모아 기금을 조성하고 이를 건강 관련 교육, 정신 건강상의 위기관리, 공공 보건 환경 구축, 기타 응급 상황 대비를 위한 조합 사업에 사용[39]하는 것입니다. 직전에 다뤘던 건강보험금 납입 의무의 배분이 대학 본부를 상대로 한 교섭과 투쟁에 따른 성취라면, 대학원생 건강 기금의 조성과 사용은 대학원생−노동자의 건강권 보장과 증진을 위해 필요한 조건들을 자치 역량으로써 마련하는 활동이라는 의미를 지닙니다. 예컨대 정신 건강의 경우 미국 "대학원생들의 32퍼센트가 우울증을 앓고 있다."[40]는 통계가 보여주듯 연구 노동자에게 문제가 발생하기 쉬운 영역이나 기존 제도가 이를 충분히 다루지는 못하고 있습니다. 그렇기 때문에 노동조합 차원에서 이를 직군 공통의 건강권 문제로 개념화하고 해결책을 모색하는 것입니다.

요크대학교의 단체협약은 조직적이고 자치적인 역량을 통해 공동의 건강권을 증진하는 또 다른 사례입니다. 기본적으로 요크대학교 대학원생들 역시 대학 본부와 계약을 체결한 민영 보험사의 건강보험을 통해 일정한 범위의 의료 혜택을 보장 받습니다. 자녀와 배우자, 사실혼 관계의 이성 혹은 동성

39. Graduate Employee Organization (UAW Local 2322), 'AGREEMENT between THE GRADUATE EMPLOYEE ORGANIZATION LOCAL 2322/UAW and THE UNIVERSITY OF MASSACHUSETTS AMHERST(2017. 9. 1.~2020. 8. 31.)' pp.45~50 참조.
40. 「위태로운 대학원생의 건강」, 『중앙대학교 대학원신문』, 2021. 7. 20.

파트너도 함께[41]요. 또한 대학원생−노동자가 수행하는 노동의 독특성을 반영한 조항들도 있습니다. 시력 검사와 안경·콘택트 렌즈 구입 그리고 근육 질환 치료를 위한 수당을 매해 지급한다 는 항목[42]이 대표적입니다. 대학원생들이 하는 일이 무엇인가요. 나쁜 자세로 앉아 하염없이 컴퓨터 화면과 인쇄된 활자를 들여다 보는 것입니다. 거북목과 라운드 숄더, 시력 저하, 이른 노안을 얻 기 딱 좋습니다. 이는 만국의 연구자가 처한 공통의 운명입니다. 아무튼 이러한 조항의 존재는 작업 환경 또는 작업 행동 등 업무 상 사유로 발생하는 신체적 손상에 대해 사용자에 해당하는 대학 이 일정한 의무와 책임을 져야 한다는 대학원생노동조합의 문제 제기가 있었고, 그것이 관철되었음을 암시합니다.

이에 더해 노동조합이 독자적으로 건강 관리 비용의 지출을 충당해주는 형태의 혜택도 있습니다. 심리 상담, 침술 요법에 의 한 처치, 의료 목적 보조 기구의 사용, 핵심 건강보험 소진 이후의 시력 관리, 응급 치과 치료, 처방약, 병원 또는 주치의 방문 시 주 차비, 내과 의사가 처방한 철분 보충제, 자연 요법, 카이로프랙틱, 물리 치료, 마사지 그리고 그 외 온 타리오주 건강보험 방침OHIP, Ontario health insurance plan에서 제외된 여타 항목에 이르기까지 그 지원의 범위 가 넓습니다. 조합원에게 위와 같은 (준)의료 목적의 지출이 발생할 시 노동조합 내부 기구인 'EHB Essential Health Benefits 위원회'의 검토를 거쳐

41. 가계 내 일반적인 부양 책임의 소재를 고려한 것인지 부모는 포함되지 않습니다. 요크대학교뿐 아니라 대부분 대학의 단체협약이 비슷한 보장 범위를 명시하고 있습니다.

42. Canadian Union of Public Employees (local 3903 York University), 'Benefits and Funds in Detail', 'Collective Agreements', https://3903.cupe.ca/ 참조.

해당 금액을 지급[43]합니다. 이 또한 대학원생-노동자의 건강, 더 나아가 행복추구권과 깊은 관련이 있으나 정부나 기관의 제도가 다루지 못하는 부분을 노동조합이 선제적으로 처리하는 한 사례입니다.

● 차별과 괴롭힘, 성적 착취의 금지: 평등할 권리

대학-학계 내 복합적 위계 그리고 거기에 잠재된 착취와 폭력의 가능성은 지난 40여 년간 북미 지역 대학원생노동조합들에게도 중히 다뤄야 할 문제였습니다. 설립 당시부터 사회 정의와 운동적 지향에 대해 높은 이해도를 지니고 있던 사이먼프레이저대학교의 대학원생노동조합은 일찍이 단체협약에 '차별'과 '괴롭힘 harrasment'의 정의 그에 대한 금지 조항을 포함했습니다. 협약에 의하면 인종, 나이, 성별, 혼인 여부, 부모의 지위, 출신지, 정치적 소속이나 활동, 시민권, 성적 지향, 성정체성과 그 표현, 종교적 신념, 장애, 임신 등을 이유로 누군가를 공동체에서 배제하거나 그에게 불이익을 주는 것이 곧 차별[44]입니다. 이에 더하여 노동조합에의 가입·기여 여부에 따른 차별도 금지합니다. 괴롭힘이란 통상적으로 대학원생-노동자에게 육체적·정신적 고통을 야기하는 온갖 행동을 가리키며 적대적인 업무 환경을 포함합니다. 성적 괴롭힘 sexual herrasment은 별도의 항목을 할애하여 언급하고 있습니다. 말과 행동을 포함하는 원치 않는 성적 관심, 고용이나 기타

43. 같은 웹사이트, 'Extended Health Benefits Fund' 항목 참조.

44. The Teaching Support Staff Union, 'COLLECTIVE AGREEMENT between THE BOARD OF GOVERNORS OF SIMON FRASER UNIVERSITY and the TEACHING SUPPORT STAFF UNION(2019~2022), pp.10~11.

노동 조건의 변경을 조건으로 한 명시적이거나 암시적인 성적 요구 등을 성적 괴롭힘에 해당하는 것으로 정의하여 엄금[45]합니다.

단체협약이 차별과 괴롭힘에 대한 금지 조항을 포함한다는 것은 어떤 의미일까요. 우선 차별과 괴롭힘을 단순한 개인 사이의 불화나 부적응의 결과가 아닌 구조적 문제로 여겨야 한다는 합의 그리고 대학 본부는 이러한 문제에 예방과 관리, 개선의 책임을 져야 한다는 합의가 공적 층위에서 이루어졌다는 의미입니다. 실제 차별이나 괴롭힘과 관련된 사건이 발생했을 때 이를 처리하는 과정에서 피해자가 추가적인 고통을 받거나 업무와 연구를 지속함에 어려움을 겪지 않도록 충분한 안전장치를 마련해야 할 의무도 공적 합의에 의해 대학 본부에 부과됩니다. 사건이 발생한 이후 그에 대해 적절한 조처를 취하는 것 이상으로 평소 관련 제도와 정책을 정비하고 구성원 상대의 교육을 주기적으로 진행하는 것이 중요하다는 점에 주목하여 대학원생노동조합은 대학 본부에 이를 꾸준히 요구하는 동시에 자체적인 제도 개선안을 마련하고 조합원 대상 교육을 실시하는 데에도 많은 노력을 기울이고 있습니다. 대학 내 정책위원회나 징계위원회 같은 의결 기구에 대학원생노동조합 소속 인원을 일정 비율 참여하게 하는 조항을 단체협약에 포함시킨 점 또한 주목할 만합니다.

덧붙여 한 가지 인상적인 사실은 북미 지역 대학원생노동조합들의 평조합원은 물론이고 대표자와 간부 중에도 유학생의 비율이 무척 높았다는 점입니다. 이러한 현상은 하나의 '결과'입니다. 정치적 활동에 관련된 구성원의 의무와 권리에 대해 차등을 두지 않는 공동체의 질서 그리고 학업과   45. 같은 글, p.11.

장학금, 노동과 임금 등에 결부된 대학원생의 의무와 권리에 차
등을 두지 않는 대학 제도, 이 두 요건의 상호작용이 이러한 현상
의 원인이며 전자가 후자를 견인한 측면이 있습니다. 동등한 의
무와 권리를 누리는 외국인 유학생들이 '언젠가는 이 장소를 떠
날 이방인' 대신 '공동체 내에서 한 사람의 몫을 다해야 할 일원'
이라는 자의식을 가지는 것은 자연스러운 일입니다. 이러한 자의
식은 개인으로 하여금 확정되지 않은 미래를 우선하여 지금 해야
하고 할 수 있는 일을 유예하기보다 분명하게 현재적인 시간과
장소 그리고 자기 자신을 둘러싼 정황에 집중하는 능동성을 발
휘, 대학과 연구자 공동체를 민주적인 방향으로 이끄는 데 필요
한 기여를 하게끔 유도합니다.

사례들을 통해 거듭 확인할 수 있는 것은 평등의 근본적인 의
미와 그 효과입니다. "권리, 의무, 자격 등이 차별 없이 고르고 한
결같음"이라는 사전적 정의를 통해서도 유추할 수 있듯 평등은
'권리, 의무, 자격'처럼 현대적인 시민 사회의 성립과 작동에 필수
적이기에 고안, 합의된 개념들의 실현과 확장을 겨냥하는 가치입
니다. 요컨대 평등의 추구 없이 사회가 잘 돌아가거나 더 나아지
는 것은 논리적으로나 구조적으로나 불가능한 일입니다. 또한 평
등의 추구라 함은 누군가를 배제하거나 억압하는 '나쁜 사람'이
되지 않는 식의 소극적 실천과 완전히 일치하지 않습니다. '인권',
'자유' 등 사회적 합의로써 고안된 다른 가치들과 마찬가지로 평
등 역시 완결되지 않는 열린 가치이기에 그 유지가 아닌 확장을
지향해야 하며 나 자신을 포함한 다수의 사회 구성원에게 별 문
제가 없어 보이는 평범한 상태가 누군가에게는 차별적인 구조로

작동하고 있지 않은가를 끊임없이 점검할 필요가 있습니다.

2020년 한국문화예술위원회 공공예술사업의 일환으로 여러 창작자와 활동가의 지적 작업을 엮어 출판된 『제로의 책』에는 다음과 같은 대목이 등장합니다.

> "나이, 인종, 젠더, 독신, 또는 자녀 여부 등의 다양한 정체성의 지지는 차별을 반대하는 것 그 이상을 의미한다. 이는 예술 작품, 예술 공간, 예술 실천이 최대한 풍성해지도록 여러 갈래의 경험, 미세한 차이, 획기적인 변화, 독창성을 포용하는 것이기도 하다."[46]

이는 「부모 예술가를 배제하지 않는 방법」이라는 제목의 장에서 발췌한 내용입니다만 '예술'의 자리에 '연구' 또는 '학문'을 대입해보아도 그 타당성은 변하지 않습니다. 예술처럼 연구도 개인의 문제의식으로부터 출발한 하나의 견해가 형식과 내용 면의 설득력을 확보하고 보편적 가치를 획득함으로써 기존의 지적 체계에 편입, 이를 확장하는 활동입니다. 따라서 연구에는 그것을 수행하는 이의 배경, 관심사, 시각 그리고 가치관과 신념 등이 반영되기 마련입니다. 그러므로 연구자의 "다양한 정체성의 지지"는 "여러 갈래의 경험, 미세한 차이, 획기적인 변화, 독창성을 포용" 하는 것과 같으며 연구 결과물, 연구가 이루어지는 장소, 연구라는 실천이 복잡하고 중층적인 현실 사회를 더욱 잘 반영하고 더 나아가 그러한 현실과 효과적으로 관계 맺

46. 강현석 외, 「부록 1: 부모 예술가를 배제하지 않는 방법」, 『제로의 책』, 돛과닻, 2022, 66쪽.

게 만드는 일입니다.

사회 전체의 그리고 대학–학계의 평등 지수가 퍽 높아졌다고 합니다. 당연히 과거와 비교하자면 그렇습니다. 하지만 아직 가야 할 길이 멉니다. 대학원생노동조합에서 일하는 동안 목격한 장면들, 그러니까 2018년의 대학 내 미투를 포함한 다수의 권력형 성폭력 사건 제보라든지, 여성 대학원생들에게 미니스커트와 베레모를 맞춰 입게 하고 의전 업무를 시킨 모 학회의 기념행사라든지, 연구와 육아를 병행하는 대학원생들이 학문 공동체 안에서 겪는 어려움이라든지, 입학 면접에서 지원자의 성적 지향이나 취향을 묻는 대학의 사례라든지, '성골', '진골', '육두품'이라는 대학원생 사이의 서열에 관한 자조 섞인 농담 혹은 '자대 출신 대학원생'과 '타대 출신 대학원생'이라는 구분이라든지, 한국인 학생의 등록금을 동결하는 대신 매해 평균 5퍼센트에서 7퍼센트씩 대폭 인상되는 외국인 유학생 등록금[47]이라든지⋯. 희귀한 일로 치부하기에는 지나치게 자주 눈에 띄는 일련의 장면이 평등이라는 가치에 반복하여 집중해야 할 필요성을 드러내 보입니다.

47. 「'외국인 학생 등록금' 대폭
     인상 시도하는 대학들, 왜?」,
     「경향신문」, 2022. 1. 21.

대학원생의 노동조합, 더 큰 목표를 향하여

북미 지역 대학원생노동조합의 역사는 50여 년에 이릅니다. 한국에도 대학원생들의 노동조합이 생겼습니다. 그렇다면 앞으로 얼마간의 시간이 흐른 후, 한국의 대학원생들도 북미 지역 대학원생들 정도의 연구 환경을 누리게 될까요? 저는 결국 우리의 대학-학계가 나은 방향으로 나아가리라 믿습니다. 물론 믿음을 가지는 것도 우리의 할 일이며 믿음을 배반하지 않고 그에 응답하는 것도 똑같이 우리의 할 일입니다. 북미 지역 대학원생노동조합의 역사와 현황을 살피는 작업은 기존의 믿음이 한결 더 강해지도록 독려하는 동시에 그러한 믿음에 스스로 응답하기 위해 반드시 고려해야 할 '차이'들, 그러니까 지엽적으로는 한국과 북미 지역의 대학-학계 사이의, 더 넓게는 북미와 한국의 정치, 경제, 문화적 조건과 노동 운동 전반 사이의 차이를 분석하고 그 결과에 따라 유효한 활동의 전략을 마련하는 과제를 남깁니다. 관련 내용을 상세히 밝히기는 어려우나 우리 대학원생노동조합은 이 과제의 중요성을 아주 높이 평가하고 있으며 곧바로 적용 가능한 운동의 방식과 변주가 필요한 것들을 분류하고 이를 바탕으로 조합원 조직, 교육과 단체협약 체결, 입법 투쟁 등을 위한 전략을 갖추고자 후속 작업을 진행하는 중입니다.

　북미 대학원생노동조합 운동과 한국의 대학원생노동조합 운동 사이에는 그것이 이루어지는 공간의 차이와는 무관하게, 연구자-노동자의 운동이기 때문에 형성되는 공통적 특성과 목표 또한 존재합니다. 우선 공통적 특성은 대학원생노동조합이 대학 내에 대학원생 자치의 영역을 마련하고 민주적인 모델로써 이를 운영하고자 한다는 점입니다. 이때 민주적인 모델이란 조직이 조합원들의 적극적인 참여와 그에 따른 의사소통과 결정의 절차에 의지하며, 더 나아가 그러한 조직의 운영과 의사결정의 결과가 구성원들의 기본권과 연결되는 요구로서 법적 효력까지 확보함을 의미합니다. 일하는 대학원생들의 운동이 '학생회 연합'이나 '협의회' 대신 노동조합의 형태를 선택한 가장 중요한 이유가 바로 이 '법적 효력의 확보'에 있습니다. 대학 본부와 노동조합이 체결한 단체협약 자체가 확고한 법적 효력을 지님은 물론이고 업무 범위나 급여의 급작스러운 변경이나 인권 침해, 성폭력 등 협약을 위반하는 일이 발생할 시에 노동조합이 해당 사안에 적극적으로 개입할 수 있으며 대학에 공식적인 탄원을 통해 시정을 요구하거나 법원 주관의 조정 절차를 밟는 것 또한 가능[48]합니다.

민주적 모델의 원리와 관련하여 노동조합이 성과를 낼 수 있게 하는 핵심 동력은 결국 조합원의 존재와 그들의 참여입니다. 조합원의 참여, 그러니까 얼마나 많은 대학원생이 조합원이 되고, 또 조직된 개인으로서 스스로의 역량을 발휘하느냐가 앞서 이야기한 조직의 합리적 운영과 대학 본부, 입법·행정부를 대상으로 하는 교섭력의 확보 양자를 모두 좌우합니다. 한 가지 강조하고 싶은 점은—이미 "조직된 개인으로서 스스로의 역량을 발휘하느냐"라는 대목에서 암시했듯—'조합원 되기'는 단순히 조합비를 납부하고 그 대가로 조합의 용역을 제공 받는 식의 '소비자 되기'가 아니라는 사실입니다. 조합원으

48. 강태경, 「[기고] 좋은 대학원을 만든 대학원생 노동자들의 노력」, 『동아사이언스』, 2019. 10. 30.

로서의 조합에 대한 참여는 무언가를 만들어내는 과정에 개입하지 않아도 되기에 성립하는 간편함과도, 원하는 것의 즉각적인 획득에서 오는 만족감과도 거리가 먼 행위입니다. 하지만 그렇기 때문에 이를 통해 비로소 소비자의 자리에 머무를 때 경험하는 소극적 자유 내지 형식적 평등과는 질적으로 다른, 실질적인 자유와 평등을 지향할 수 있습니다.

결국 대학원생-노동자의 문제를 교육과 연구 공공성 일반의 문제 혹은 노동 일반의 문제와 같은 보편 층위의 사회적 의제와 끊임없이 접속시키는 가운데 자신의 권익 증진을 위한 대학원생-노동자의 시도가 대학-학계를 경유하여 사회 전체의 진보와 결합하도록 해야 한다는 것, 바로 이것이 북미 대학원생노동조합 운동과 한국의 대학원생노동조합 운동의 공통 목표입니다. 관습적이고 자의적으로 다뤄지던 대학원생의 노동과 그 관리에 선명한 원칙을 도입하는 작업도 저 목표를 향한 노정의 한 부분입니다. 그런 이유로 대학 제도 개선을 위한 단체협약 체결과 입법 투쟁을 선도하는 것이 노동조합의 과제 중 하나지만 그에 못지않게, 아니 어쩌면 그보다 더 조직의 내실을 다지는 일이 핵심적입니다. 아무리 좋은 제도라도 그것을 도입한 주체의 "민주적 권력이 뒷받침되어야 제대로 작동"[49]할 수 있습니다. 제도의 취지가 훼손되는 일이 발생했을 때 제대로 대응하지 못한다면 그것을 마련한 의미가 무색할 것입니다. 동일한 맥락에서 대학의 유지와 재생산 등에 기여하는 다른 구성원들의 조직과 단단한 '민주적 권력들의 연대' 관계를 구축하는 일 역시 중요합니다.

49. 같은 글.

마지막으로 이제 막 발걸음을 뗀 것과 다름없는 한국의 대학원생노동조합에 웨인주립대 대학원생노동조합 부위원장 윌더 럭큰이 보낸 응원의 말을 인용하고자 합니다.

"지금의 노동자들도 노동자로 인정 받지 못한 시기가 있었습니다. 하지만 노동자든 시민이든 우리가 누구인지를 결정하는 것은 우리 자신입니다. 우리가 결정하면 일터에서 민주적인 대표성을 가지게 될 것입니다. 우리가 할 일은 그 길을 고수하고 실천하는 것입니다. 항상 이길 수는 없겠지만 올바른 길로 나아가는 것, 그것만이 중요할 뿐입니다."[50]

50. 같은 글에서 재인용.

5. 낭만주의, 회의주의,
탈脫정치와의 작별

작별해야 할 내부의 부정성

노동조합의 운동은 외부를 상대로 한 투쟁의 외양을 지니기 마련입니다. 보통 문제 교수, 대학 본부, 행정부의 과학기술정보통신부와 교육부, 이에 대응하는 국회의 과학기술정보방송통신위원회와 교육위원회의 두 상임위원회—아직은 아니지만 대학원생의 노동권이 공식적인 제도의 고려 사항이 될 근미래에는 고용노동부와 국회의 환경노동위원회까지—가 그 외부의 상대에 해당합니다. 하지만 정말 어려운 투쟁은 우리 내부의 정치적 부정성을 상대로 하는 싸움입니다. 이때 '우리'는 저 자신과 대학원생노동조합의 간부들을 포함하는 조합원 전체 그리고 더 나아가 대학—학계를 혁신하기 위한 운동의 시기를 함께 살아가는 대학원생 혹은 예비 연구자 모두를 통칭합니다. 대학원생노동조합의 조합원도 아니고 저와 일면식이 없는데 우리로 묶인 분들께서는 대

관절 이게 뭔 일인가 싶을 수도 있겠는데요, 음, 저는 우리를 이렇게 감각하고 또 의식하고 있습니다. 동일 직군의 구성원으로서 현실적인 무게와 양감을 가지는 운명 공동체에 속해 있는 건 사실이니까요.

우리 내부의 부정성에 대한 이야기로 다시 돌아오자면 저는 이 부정성을 두 갈래로 나눈 후 정치적 낭만주의와 정치적 회의주의라는 이름을 붙이고자 합니다. 그리고 서술의 편의상 각각의 항목을 다룸에 제가 노동조합 일을 하는 동안 직접 들은 이야기나 관련 기사와 영상의 댓글에서 본 문장들을 인용한 후 그에 대한 해설을 덧붙이는 방법을 택했습니다. 그렇지만 그러한 발화를 한 구체적 개인—인격을 문제시할 생각은 없습니다. 이미 이 부정성이 우리 내부의 것이라 밝혔듯 정치적 낭만주의와 회의주의라는 둘은 어디에나 또 누구에게나 상황과 자아의 일부로서 깃들 수 있는 태도입니다. 요는 낭만과 이상 그리고 회의와 비판 사이에 명확한 경계선을 긋고 우리 삶 속에 후자를 위한 자리를 더 많이 마련해야 한다는 점입니다. 그러려면 우선 얼핏 외양만을 봤을 때 후자와 잘 구별되지 않는 전자와의 작별이 있어야 할 것이고요.

잘 가렴, 낭만주의

정치적 낭만주의는 어떤 경우에도 변형되거나 오염되지 않는 순수한 소망의 눈을 통해 세계를 바라보는 태도로, 이를테면 이런 것입니다.

"대학원생노동조합이 잘돼서 가입하지 않은 비非조합원 대학원
생과 예비 연구자들도 노동권을 보장 받는 세상이 왔으면 좋겠
어요."

노조에서 일하는 동안 제법 많이 들었던 말입니다. 발화만 놓
고 보자면 전적으로 좋고 옳은 이야기입니다. 전체 노동자의 인간
다운 삶이라는 목표의 실현, 이는 대학원생노동조합을 포함한 노
동 운동 전체가 보편적으로 지향하는 바이고 저 또한 그런 세상
이 오기를 원합니다. 그럼에도 이러한 발화를 운동의 이상과는 구
별되는 낭만적 태도의 한 사례로 언급한 연유는 다음과 같습니다.
많은 경우 이러한 발화는 대학원생노동조합의 필요성에 공감하
지만 조직에 가입하는 것까지 염두에 두지는 않은 대학원생의 응
원의 형식으로써 나타납니다. 물론 응원은 지지의 의사를 표현하
는 수단 중 하나입니다. 하지만 대학원생노동조합이 '잘되'고 비
조합원의 노동권도 보장 받는 세상이 오려면 대학원생들의 지지
가 응원을 넘어 실질적인 형태로 변모하는 단계가 있어야 합니다.

개별 사업장으로서의 대학에서든 입법·행정의 차원에서든 정
치적 절차의 핵심은 '수數'입니다. 요구 사항의 전달을 위한 노동
조합 명의의 면담을 진행해보면 대학 본부는 학내에 조합원 비율
이 어느 정도인지를, 국회와 관련 부처의 실무자들은 전체 조합
원의 수가 몇 명인지를 가장 궁금해합니다. 바꿔 말하자면 노동
조합이 제시하는 요구안의 무게와 시급성을 판단하는 주요 기준

이 해당 안을 지지하고 이것이 관철되지 않을 시 어떤 식으로든 행동에 나설 가능성이 있는 인원의 많고 적음인 것입니다. 분명 수의 논리에 따라 의제의 중요성을 판단하는 정치 체제는 한계를 지니며 종국에는 이러한 민주주의 또한 갱신의 대상이라 생각합니다만 어쨌든 당장은 이것이 부정하거나 외면할 수 없으며 전략적으로 활용하면 좋을 우리 세계의 규칙입니다. 그리고 대학원생의 권리 보장을 향한 노정은 비용 절감과 행정적 편의성을 최우선으로 여기는 대학과 보수적인 행정 부처를 상대로 무언가를 쟁취하는 작업입니다. 그러므로 조합원의 수가 곧 조직의 힘일 수밖에 없습니다. 그 힘이 협상에 필요한 설득력이든 아니면 쟁의에 요구되는 실력이든지요.

조직 자체의 운명도 그렇습니다. 먼저 세속적인 이야기를 해보겠습니다. 노동조합이 잘되려면 일단 존립을 하는 가운데 거시적인 목표의 성취를 위한 세부 계획으로서의 정책, 조직, 교육, 선전, 연대 사업을 꾸준히 시행해야 합니다. 존립과 사업 양자 모두에는 돈이 듭니다. 조합의 재정은 전적으로 조합원들이 납부하는 조합비와 후원회원의 후원회비로 꾸려지며 이는 조직의 독립성을 확보하기 위한 장치입니다. 당연히 조합원이 증가하면 조합비 수입이 늘어 재정이 탄탄해집니다. 재정이 탄탄해야 고정비를 제외한 사업 예산의 증가가 가능하고요. 사업 예산의 증가는 조직에서 실시하는 사업들의 양적, 질적 향상으로 연결되며 여러 사업의 진행 과정에서 쌓이는 온갖 유·무형의 자원은 다시금 거시적 목표를 향해 나아감에 필요한 조직의 공공 자산이 됩니다. 이에 더하여 평소 조합원들의 의사를 수합하고 이를 반영하여 의

결권을 행사하는 대의원과 운영위원, 의결 사항을 실행에 옮기는 선출직 임원과 집행부 등의 체계가 작동해야만 앞서 언급한 공공의 자산을 적절히 배분하고 소용할 수 있습니다. 이는 곧 특정한 역할과 기능을 담당하는 '자리'와 그 자리에서 업무를 보는 '사람'이 필요하다는 것입니다. 이처럼 대학원생들의 대학원생노동조합 가입은 조직의 유지와 재생산에 핵심적인 조건입니다.

마찬가지로 조직의 유지와 재생산의 조건이라는 측면에서 자치의 중요성을 언급하지 않을 수 없습니다. 대학원생노동조합은 현재 대부분의 대학 내에서 소거되다시피 한 원생 자치의 자리를 개별 대학들의 담장 밖에 만들어 대학원생의 보편 현안을 다루고 있습니다. 그리고 조합의 하부 조직인 분회 건설을 통해 각 대학 내부와 바깥의 경계에 이전과는 다른 원생 자치의 자리를 새로이 마련, 개별 대학들의 문제에 개입하고자 합니다. 이는 앞서 언급한 대학원생-노동자의 보편 현안과 낱낱의 사업장의 특수한 상황들을 유기적으로 연결하기 위함입니다. 대학원은 학부보다 대학들의 행정적 자율성이 더 크게 작용하는 영역이며 그렇기 때문에 국립대와 사립대의, 서울·수도권 지역 대학과 그 외 지역 대학의 대학원 상황이 다르고 한 대학 내에서도 이공계와 인문·사회계의 대학원 상황이 다릅니다. 심지어 같은 계열이라 하더라도 정부 발주 과제나 국가 지원 사업에 참여하고 있는가 여부에 따라 전공별로 상황이 또 갈립니다. 따라서 더 다양한 지역과 대학, 계열, 전공의 대학원생이 조직의 울타리 안으로 들어와 저마다의 배경을 반영하는 의견을 개진할 때 조합은 그만큼 더 촘촘하고 설득력 있는 사업 계획과 요구안, 더 나아가 거시적 전망을 보유

하게 될 것입니다. 전국 조직으로서의 대학원생노조라는 보편적
큰 틀과 각 대학별 분회, 전공·계열별 대의원 제도처럼 개별적이
고 특수한 영역을 재현하는 장치, 이 두 층위 모두는 조합원의 증
가와 함께 단단해집니다.

"조합원이 300명이면 버티기를, 500명이면 바깥으로 뻗어나
가기를 할 만하고 1,000명을 넘을 시 그냥 정책을 결정하면 된
다." 임기 중 만난 환경노동위원회 소속 의원실의 보좌관이 했던
말입니다. 조직이 최소한의 안정성을 확보하는 데에만 300명의
동참이 필요하다는 것입니다. 조직의 의지를 한층 수월하게 관철
하려면 1,000명 안팎의 동참이 있어야 하고요. 바꿔 말하면 행여
대학원생 수만 명이 응원하더라도 그러한 지지와 응원이 각자의
마음과 사적인 발화에만 머물고 실질적인 정치·경제·사회의 문
법에 따라 번역되지 못한다면 수의 논리가 지배적인 현실 정치의
세계에서 대학원생노동조합이 그 영향력을 제대로 발휘하기 어
려운 것은 물론, 조직 자체의 존립을 확신하기조차 힘든 상태에
처할 수밖에 없다는 의미이기도 합니다. 대학원생노동조합을 지
지하는 대학원생들이 조합 가입을 결단하고 자신이 선택한 조직
이 유지, 재생산될 수 있도록 그 조직의 일부가 되어 일정한 몫을
담당하는 방식으로 조력하는 것, 이것이 유효한 정치적 지지의
첫 단계입니다.

정치적 낭만주의. 이는 순도 100퍼센트의 선하고 천진난만한
마음으로 완전한 세계를 동경하며 언젠가는 그러한 세계가 반가
운 손님처럼 찾아올 것을 믿는 태도입니다. 일단 이상향의 가능
성을 신뢰하는 것은 바람직하고도 중요한 일입니다. 비록 지금

세계의 객관적인 모습으로부터 변화의 아주 미미한 가능성조차 찾기 힘들다 하더라도 그것에 개의치 않고 구축한 내적인 신념과 소망의 체계야말로 온갖 무모하고 저항적인 상상과 기획의 동력이 됩니다. 그런데 이론이 해명하고 역사가 증명했듯 이상향은 둘째 치고 오늘보다 아주 조금 더 나은 내일조차 어느 날 갑자기 우리의 눈앞에 나타나는 방식으로는 이루어지지 않습니다. 비록 그에 관한 믿음은 주관에 의지할지언정 더 나은 세계의 실현은 현실의 객관적 조건 위에서 출발하여 다시금 현실 속에 새로움을 기입하는 절차를 요구합니다.

그러므로 세계의 변화는 도래하는 것이 아니라 변화를 믿는 사람이 구성하는 것이며 이와 같은 구성의 절차에는 반드시 기존 세계의 보수적 특성을 상대하는 일, 적대적인 이들과의 대면, 현실적으로 동원 가능한 자원과 전략에 대한 고민, 때로는 자신의 기준에 어긋나지만 필요한 일들의 실행 등이 포함됩니다. 따라서 이 절차가 아름답지만은 않으며 차라리 고되고 심난한데다가 어떤 의미에서는 너절할 공산이 크다는 점을 함께 받아들이지 않을 도리가 없습니다. 이를 미리 수용하여 알맞은 때에 낭만주의와 결별하지 못한다면 마지막에 남는 것은 운동과 실천에 관한 배신감과 무력감뿐입니다.

잘 가렴, 회의주의

정치적 회의주의는 우리의 모든 시도가 결국은 무의미해지리라
는 전망이 지배하는 태도, 바꿔 말하자면 여러 정치적 기획이 도
달하는 유일하게 확실한 지점은 '실패'라 믿는 관점입니다.

"대학원생을 위한 노동조합이든 다른 어떤 운동이든 결국은 변
질되기 마련이야. 게다가 순수한 의도로 하는 일인지 어떻게 알
겠어? 저렇게 내세우기 좋은 이력을 만들어서 정치인이라도 될
생각 아니냐 이거지. 결국 자기들 출세를 노리고 하는 거잖아."

"지금이야 을의 입장이니까 저러지. 자기들도 교수가 되면 뭐
크게 다를 것 같아?"

위와 같은 발화에 나타나는 회의주의는 흥미롭게도 운동에 관
한 오해와 이해 모두에 연결되어 있습니다. 우선 가장 큰 오해는
대학원생노조 같은 정치 결사체의 설립을 추진하고 이후 약간의
활동 경력을 쌓는 것만으로 '프로 정치인'이 될 수 있다는 생각입
니다. 아마 대학의 총학생회장 경력 등으로 정당에 영입되는 경
우를 염두에 두고 하는 이야기일 텐데요. 한때는 총학생회 선거
에 출마하여 당선되고 또 임기를 소화하는 것 자체가 일종의 '자
격 증명'으로 통하기도 했습니다만 1990년대 말부터 이미 한국
의 정치 지형 일반과 그 반영으로서의 대학(원) 정치 지형이 함께
변화함에 따라 그러한 사례는 줄어드는 추세에 있었고 2010년

무렵 이후로는 거의 찾아볼 수 없게 되었습니다. 게다가 정치로 출세하려면 집권 정당이나 차후 집권 가능성이 높은 정당에 속하는 게 유리할 것인데 과연 집권 정당과 제1야당 쪽에서도 대학원생노동조합이라는 이력을 마음에 들어 할지 잘 모르겠습니다. 결국 누구든 프로 정치의 세계에 입문하고자 한다면 그곳의 법칙에 맞는 별도의 자기 증명을 거칠 수밖에 없습니다.

그런데 저는 만일 대학원생노조의 누군가가 여기서 쌓은 정책, 기획, 조직 등의 실무 이력을 자산으로 삼아 정계에 진출—의원실의 비서나 보좌관으로 시작하든 아니면 곧바로 국회의원 선거에 출마하든—하겠다고 말하면 그를 지지할 생각입니다. 이는 곧 고등교육 의제에 관한 이해도가 높고 정서적 측면에서도 대학원생을 가깝게 여기는, 그렇기 때문에 대학원생을 잘 재현할 수 있는 사람이 제도권 정치의 내부로 진입한다는 의미니까요. 관건은 이렇게 '출세'한 대학원생노조 출신의 개인과 그를 배출한 조직이 상황에 걸맞은 동반자 관계를 새롭게 만들고 유지하는 일입니다. 조직은 해결이 시급한 현 대학–학계의 문제가 무엇이며 어떤 식의 입법과 제도 개선이 필요한지를 제안하며 비판적 지지를 보내고, 정계에 발을 들인 이는 이와 같은 제안들을 의정 활동의 원천으로 활용하는 가운데 자신이 헌신했던 이념에 계속 헌신하는 새로운 방법을 모색함으로써 서로 실리를 주고받을 수 있는 동반자 관계 말입니다.

사회 운동의 영역에 헌신하던 누군가가 정계에, 또는 그 외의 다른 영역에 진출하는 일이 곧바로 이념과 열정의 순수성에 대한 배반으로 직결된다는 것은 회의주의 특유의 오해에 의지한 해석입니다. 덧붙여 어떤 이념에 헌신하다 보니 정계로 나아간다는 선택 또한 가능하게 되어 그것을 감내하는 사람과 정치권의 주목을 끌기에 충분한 명성만을 원하여 이념과 조직에 관한 이해는 왜소한 반면 인정 욕구만 비대한 사람은 일찌감치 동료들의 평가로써 구별되기 마련입니다. 어차피 운동이 남기는 것은 운동이지, 개인의 이름이 아닙니다.

앞에서 언급했듯 회의주의는 운동에 관한 오해뿐 아니라 이해와도 연결되어있습니다. 이러한 모순이 가능한 까닭은 이때의 이해가 사실상 지금까지 다룬 오해의 대전제이기 때문입니다. 요컨대 운동에 관해 회의주의가 제공하는 유일한 이해는 "모든 운동은 변질되기 마련"이라는 것뿐입니다. 전적으로 맞는 말입니다. 어디 운동뿐이겠습니까. 사람, 관계, 감정…. 변질, 그러니까 질적인 변화를 겪지 않는 대상을 찾기가 더 어렵습니다. 그냥 세계 자체가 쉼 없는 변화의 연쇄이며 우리가 인식하는 모든 것은 그러한 변화 가운데에서 포착된 찰나의 순간이라 해도 과언이 아닙니다. 여러 정치적 사유-실천과 그에 수반된 변화 가운데 두드러지게 강력하거나 오랫동안 지속된 것은 유의미한 동향으로 분류될 테고요. 물론 그러한 장기 지속 역시 무수한 부침과 크고 작은 변동을 내포합니다.

그러므로 "모든 운동은 변질되기 마련"이라는 말은 전적으로 자연스러운 사실에 관한 당연한 이해에 지나지 않기 때문에 그러한 당연함을 넘어서고자 하는 주체의 욕망과 의지 등 운동과 정치적인 것들을 사유하기 위해 간과해서는 안되는 요인들에 관한 통찰을 제공하는 데에는 실패하고 맙니다. 핵심은 운동의 장기적 목표를 향해 가는 노정 속에서 자리에 따라 달라지는 주체의 역할과 기능을 잘 알고 이를 제대로 수행하는 것 그리고 필연적인 세계의 가변성과 이를 거스르는 충실성 사이의 불화를 인정하고 제대로 다루는 것입니다.

두 번째로 인용한 발화도 마찬가지입니다. 물론 "누군가 대학-학계의 여러 문제에 대한 개선을 요구하는 것은 단지 그가 을의 입장에 있기 때문"이라는 것은 몹시 단조로운 해석입니다만 공동체의 권력 관계에서 기층에 자리한 구성원일수록 부조리의 하중을 더 많이 받기 마련이라는 이해를 포함하는 것도 사실입니다. 하지만 주목해야 할 것은 을의 입장—저는 모든 관계성을 '갑'과 '을'이라는 단어로 설명하는 방식을 그리 좋아하지는 않습니다만 아무튼—에 있는 자가 목소리를 내고 행동에 나서기로 결단하는 바로 그 순간이 그가 주어진 '을의 자리'에서 벗어나 자기 자신이 무엇일지를, 자신이 살아가는 세계가 어떤 장소일지를 스스로 결정하는 존재로 변모하는 때라는 점입니다.

비록 현재가 고통스럽고 부조리할지라도 자아는 그것에 적응하기를 그리고 사회는 어떤 사건의 폭발을 마주하기 전까지 그러한 구조의 상태를 고수하려는 경향의 지배를 받습니다. 적응하고 유지하는 쪽이 쉽고 편한 길이기 때문입니다. 따라서 자신과 세계의 상을 스스로 정하겠다는 결단은 지금까지처럼 앞으로도 쭉 같은 상태에 머무르려는 자아와 사회의 '관성'을 동시에 거스르는 시도입니다. 정확히는 자아의 관성을 거스름으로써 사회의 관성을 해체하는 시도라고 할 수 있습니다. 저는 이것이 '가장 인간적인' 행위라고 봅니다. 적응하고 순응하는 유기체-동물의 한 종이 아닌, 주체적인 결단에 따라 맞서고 저항하는 존재로서의 인간이라는 의미에서 말입니다.

관성을 거스른다는 표현이 이미 드러내 보이듯 이 인간적인 행위는 자연스러운 경향이나 안전한 욕망의 정반대편을 향하는 일이기 때문에 오랫동안 지속하기가 힘들고 필연적으로 연약합니다. 이른바 '변절'이나 '반동'은 적극적인 지향과 결단의 결과라기보다 그저 억압에 맞서고 저항하기를, 또는 자기 자신과 세계에 관해 비판적으로 성찰하기를 그만두는 것만으로 손쉽게 도달할 수 있는 단계입니다. 하지만 필연적인 연약함에도 관성을 거스르고자 하는 시도들의 끝이 언제나 변절 혹은 반동으로 귀결된다고 생각하지는 않습니다. 엄밀히 말하자면 여기서부터는 믿음의 문제입니다. 대책 없이 다 잘되리라는 그런 낭만적인 믿음은 아니고요. 몇몇 인격의 실패로 쉽게 상처 받거나 좌절하지 않고, 운동 그 자체는 자신의 수행을 계속해서 다시 한번 시도할 수 있으며 그런 시도를 할 가치가 있다는 믿음입니다. 물론 이와 같은 믿음에는 실패들에 관한 진지한 평가와 반성이 동반되어야 할 것입니다. 평가·반성의 존재와 그것이 어떻게 이루어지느냐가 이념에 대한 충실성과 편향적 사고를 가릅니다.

기존 체제의 변화를 희망하는 운동의 언어는 반드시 "이렇게 안쓰러운 나를 누구든 구원해줘."가 아닌, "우리 모두를 위해 함께 더 나은 조건과 상태를 직접 만들어나가자."의 형태를 취합니다. 전자와 같은 형태로 시작하더라도 결국은 후자로 나아갑니다. 이에 더하여 변화를 희망하는 운동이 제도의 개선을 겨냥한다는 것은 그 변화가 공동체에 속한 모든 구성원에게 보편적으로 작용하는 준칙이자 강제성으로서 실현되게 만들겠다는 의미입니다. 잘못된 행위를 금지하고 제재할 뿐 아니라 개인으로 하여금 자신의 자율성과 권한을 올바른 방식으로 발휘하도록 이끄는, 그런 강제성 말입니다. 이우창의 지적처럼 제도가 형성해놓은 환경을 토대로 구축되는 고유의 영역이 곧 공동체이기에 안전하고 평등하며 자유로운 대학—학계를 만들고자 한다면 제도적 개입을 통해 상황을 재구성[51]하는 작업이 있어야만 합니다. 또한 제도의 보편적 강제성을 긍정한다는 것은 후일 자신이 권한을 행사하는 입장에 서더라도 그 강제성의 적용 대상이 되는 것까지 기꺼이 긍정하는 일입니다. 무심결에라도 다른 이들을 착취하지 않게끔 말이지요. 보편 준칙이 부재하는 공동체에서는 누구나 착취당하고 또 뒤에 올 사람들을 착취할 가능성이 높습니다. 개개인의 인격에만 의지할 수는 없는 일입니다.

낭만주의와 회의주의의 유일한 효과: '순수성'에 갇히기

낭만주의 그리고 회의주의와 작별하지 못한다면 우리의 정치적 상상과 실천의 역량은 점차 왜소해질 것입니다. 백마 탄 초인이 나타나 모든 문제를 해소하고 이상적인 신세계를 가져다주기만을 바란다면, 또는 어떤 시도든 그 끝에는 좌절과 패배만이 있으리라 믿는다면

51. 이우창, 「대학 내 권력형 성폭력과 인권센터: 현황과 개선 방안」, Me Too에서 With You로: 대학 내 권력형 성폭력 미투 운동 피해사례 성토대회 및 문제점 진단 토론회, 2018. 4. 10. 「대학원 내 성폭력 예방·대응을 위한 정책 제안」, 대학 내 권력형 성폭력 방지를 위한 제도 개선 촉구 간담회, 2018. 4. 11.

당연히 능동성이나 자발성과 같은 인간 고유의 특성이 발휘될 여지도, 필요도 없을 것입니다. 그러한 의미에서 낭만주의와 회의주의의 유일한 효과는 이른바 '순수성', 그러니까 '탈脫정치를 자임하는 반反정치'의 기치에 우리 자신을 갇히게 만드는 것뿐입니다.

누군가가 사회 내에서 수행하는 역할과 기능이 무엇인지를 규정하고 이 규정에 따라 그를 명명하는 일, 그 명명에 따르는 의무와 권리의 내용을 정한 후 전체 구성원 가운데 누가 얼마만큼을 가져갈 것인가를 판단하는 분배의 질서에 그러한 내용이 제대로 반영되도록 하는 일은 그야말로 정치적인 절차입니다. 대학원생의 삶에 이미 노동이 실재하고 그의 노동이 대학─학계의 유지와 재생산에 기여하고 있음이 현실이라면 이와 같은 현실이 일하는 대학원생의 의무와 권리에 대한 규정 그리고 분배에 까지 반영되도록 하는 정치적 절차가 따라야 합니다.

덧붙여 교육·연구 공공성 확대나 학생연구원, 조교와 강사의 노동권 보장 의제 등에 있어 노조와 대립되는 견해를 가진 여러 주체─이를테면 각 대학 본부들─역시 그들의 이해 관심을 관철하기 위해 많은 정치적 노력을 기울입니다. 각 대학 내 여러 학생 자치 단위와 노동자 단체들을 통제하기도, 전국 단위 대학 총장 협의회를 결성하여 교육부에 정책 건의를 전달하기도 합니다. 제가 듣거나 직접 본 바에 따르면 정말 다양한 방법을 동원해서 열심히 합니다. 이미 정치의 각축장은 작동하고 있으며 기존의 상황을 유지하려는 쪽조차 대결에 진심으로 임하는 와중에 자신의 권리 확대와 구조의 변화를 원하는 쪽이 반정치의 증상 중 하나인 '순수성에 대한 강박'을 벗어나지 못한다면 이기기는 어려울 것입니다.

6. 강제를 통해 자유를

저는 단조로운 생활을 추구하는 동시에 강박적인 구석이 있는 사람입니다. 나름의 합리성에 준하여 크고 작은 규칙들을 만든 후 그에 맞춰 일상을 굴려야만 제대로 산다는 생각이 듭니다. 제자리를 벗어난 사물, 확실하지 않은 일정, 갑자기 변경되는 계획, 급하게 처리해야 하는 일, 멀고 낯선 장소로의 이동, 이질적 다수와 맺는 인간관계, 기대하지 않았던 위기와 실패 등은 저에게 극심한 고통을 안깁니다. 대신 작고 익숙한 공간 안에서의 정주定住, 시간에 쫓기지 않고 차근차근 처리할 수 있을 정도로 일을 배치해둔 주간·월간의 계획, 저와 비슷하기에 퍽 잘 통하는 소수의 사람들을 이따금씩 만나는 정도의 인간관계를 유지할 때 평온함을 느낍니다. 특정한 요일과 시간에, 가깝고 자주 드나들던 장소에서 하던 일들을 계속하는 정례적 생활과 거기에 깃든 평화를 유지하는 것이 제 삶의 목표였고 그러한 생활 방식을 참 좋아했습니다.

아마 이 모든 건 변수를 최소화하여 불안을 예방함으로써 자아를 보호하려는 나름의 전략이었을 것입니다. 머리로는 삶이 필연적인 불확정성으로 이루어져있으며 이를 거부할 도리도, 이유도 없음을 잘 알지만…. 아무튼 그건 그거고, 되도록이면 제 인생에는 위에서 언급한 것과 같은 고통을 야기하는 요소들이 들어서지 않게끔 최선을 다하며 살았습니다. 그렇게 살아도 괜찮았고 그렇게 살지 못할 이유가 없기도 했습니다. 연구하고 글 쓰는 사람의 삶이라는 게 저의 정돈하고 정주하며 침잠하기를 즐기는 태도와 썩 잘 맞기도 했고요. 말하자면 흡사 한 마리의 예민한 두더지나 먼 옛날 수도원의 늙은 수도승과 같은 태도를 유지해온 것입니다.

이런 저에게 대학원생노동조합에서 조직의 대표자로 일하며 보낸 2년은 변화를 받아들인다는 점에 있어 스스로의 한계를 시험하는 기간이었습니다. 임기 중의 하루 일과는 보통 아침 여덟 시쯤 걸려오는 기자들의 모닝콜과 함께 시작됩니다. 대학원 현황이나 대학원생의 생활상 등 기사 작성에 참조할 배경 설명을 구하는 전화도 있지만 대부분의 경우 용건은 대학 내 사건·사고와 우리 노조에서 배포한 보도 자료와 관련하여 기사에 인용할 '코멘트'를 요청하는 것입니다. 저는 기자의 모닝콜을 받으며 기상하는 걸 퍽 좋아했는데요. 행여 잠이 덜 깬 상태로 응대하다가 정리되지 않은 말이 고스란히 기사로 나가는 비극이 발생하는 것을 두려워하는 저의 무의식이 알아서 부랴부랴 '뇌의 부팅'을 진행하기 때문입니다. 전날 두 시간을 잤든 네 시간을 잤든 "위원장님 안녕하세요. OO신문의 OOO 기자입니다."라는 말이 수화기 너머에서 들려오는 순간 정신이 번쩍 드는 기적을 경험할 수 있습니다. 효율적이며 효과적이죠.

정신이 맑아지면 곧바로 조합 업무를 시작합니다. 행정 사무, 회의를 포함한 사람과의 만남, 그리고 말하기와 글쓰기. 제 경험 안에서 조합의 업무는 크게 이 세 갈래로 나뉩니다. 행정 사무는 일정한 원칙에 근거하여 체계적인 일 처리를 지향하는 모든 조직에서 중요한 위상을 차지하는 영역이며 우리 노동조합도 예외는 아닙니다. 밖으로 도는 일정을 모두 마친 후 전화나 문자가 오는 일이 드문 자정 이후에서 새벽까지는 서류를 만지기에 안성맞춤인 시간입니다.

조합의 업무 중 시간적으로나 중요도 면에서나 가장 큰 비중을 차지하는 일은 사람과의 만남입니다. 1~2주에 한 번씩 소집하는 집행부 회의, 반기마다 돌아오는 운영위원회와 대의원회 회의, 그 외에 필요 시 소집하는 긴급·임시 회의와 같은 우리 조합 내 회의는 물론이고 특정 사업을 함께 진행하는 공동 주최·주관 단위와의 기획·실무 회의가 숨 가쁘게 이어집니다. 그 밖에 면담, 회견, 간담회, 토론회, 특강, 촬영 등의 자리를 통해 조합원들과 제보자, 국회의 의원실 관계자와 행정 부처의 담당자, 다른 노동·학생·시민·사회 운동 단체 활동가들 그리고 언론 종사자들과 만날 일이 허다했습니다. 설립 직후 외연 확장과 조직 사업, 제도 개선안을 포함한 정책 제안, 연대 관계의 구축이 촉급했던 까닭에 더 그랬습니다.

이런 만남의 자리에서는 말들이 오가기 마련입니다. 많은 질문 앞에 노출되는 것은 신생 조직의 숙명이기도 하고 대학원생노동조합이라는 운동이 전에 없던 시도인 만큼 대학원이라는 '특수한' 영역의 문제가 왜 그리고 어떻게 사회적이며 보편적인 의미를 지니는가, 더 나아가 우리 조직의 전망과 지향이란 어떤 것인가를 설명하는 활동의 반복이 긴요했습니다. 임기를 맡은 2년 동안 작성한 글들도 그러한 발화의 연장선 위에 있었습니다.

행정 사무야 조교, 연구보조원 시절에 보던 업무와—제가 최종 결재자 겸 책임자가 된다는 부담을 제외하고는—크게 다르지 않았지만 사람과의 만남 그리고 말하기와 글쓰기의 양자는 모든 면에서 새롭고 더 나은 형태의 수행으로 거듭날 필요가 있었습니다. 일단 제 영역이라고 생각되는 공간적 범주에서 벗어나거나 비슷한 구석보다 다른 구석이 더 많은 타인과 만나는 일을 피곤하게 여기는 성향부터 버려야 했습니다.

그래서 긴하다면 누구든 만나고 또 어디든 갔습니다. 초반에는 출장 일정이 생길 경우 장거리 이동을 해야 한다는 사실 때문에 일주일 전부터 안절부절못했지만 어느 정도 시간이 지난 후에는 모든 것이 아무렇지 않게 느껴졌습니다. 그렇게 임기가 끝나고 헤아려보니 명함을 2,000장 남짓 썼더라고요. 저의 개인적 선호가 아닌, 빠르게 대학원생노동조합의 외연을 확장하고 여러 사업을 추진하는 가운데 대학−학계 내 문제 상황을 해결해야 한다는 조직 차원의 의지를 따라 움직였기 때문에 가능한 일이었습니다.

말하기와 글쓰기도 마찬가지입니다. 원래 저는 간접 화법을 사용하는 의사소통이 익숙하고 편합니다. 단어는 최대한 압축적으로 사용하되 전후 사정과 맥락을 충분히 설명하면서 자연스럽게 핵심 주제를 향해 수렴하는 화법을 즐겨 썼습니다. 이는 긴 호흡의 강의를 진행하거나 비슷한 전공을 가진 사람들과 대화할 때

사용하기에는 큰 문제가 없는 방식이었습니다만 노동조합 활동
의 현장에서는 그렇지 않았습니다. 사실 임기 초에는 제 말하기
에 대한 성찰 자체가 없었는데요. 그 때문에 상시적으로 조합 일
을 의논하던 강태경 수석이 꽤 고초를 겪었던 것 같습니다. 어느
날은 "위원장님, 제발 효율을 생각해서 두괄식으로 말해주세요."
라고, 이렇게까지 냉정한 말투는 아니었지만 대충 비슷한 취지의
건의를 하더라고요. 얼마나 괴로웠으면…. 아무튼 그 이후로는
화법을 바꿔 개념어 사용을 최대한 배제하고 두괄식으로 간결하
게 말하고자 노력했습니다. 특히 기자, 입법부 관계자, 행정부 관
료 등을 만나는 자리에서는 복잡한 사실 관계를 최대한 알기 쉽
게 전달하고 우리 노동조합의 계획과 지향에 협력하게끔 설득하
는 말하기의 필요성을 늘 의식했습니다. 발화로써 해당 의제를
충분히 장악하고 있으며 인간적으로도 믿을 만한 사람이라는 인
상을 줘야 한다는 점도요.

　글도 그랬습니다. 정책 마련이나 제도 개선을 위한 국회 토론
회의 원고, 대학 내 사건 사고에 관한 조직의 공식 입장을 밝히는
성명과 선언 그리고 기자회견문…. 의외로 글을 쓸 기회가 수두
룩했던지라 양으로 따지면 연구만 할 때보다 노동조합 일을 보면
서 작성한 문건이 훨씬 많은 듯합니다. 조직 명의로 또는 조직 대
표자의 자격으로 글을 쓴다는 것은 정말이지 낯설고 어려운 일이
었는데요. 발화가 필요한 바로 그 순간에, 넘치지도 모자라지도
않은 분량으로, 우리 조직의 정세에 관한 판단과 향후 계획을 불
특정 다수의 사람에게 선명하게 제시하고 다른 한편으로는 대학
본부나 입법·행정부가 특정한 방향으로 움직이도록 촉구하는 식

의 실용성의 지향이 늘 존재하기 때문입니다. 그런 의미에서 노동조합에서의 글쓰기란 언제나 나의 글이 얼마만큼 우리 조직을 잘 재현할 수 있을지 그리고 어떻게 현실 개입의 첫 단계로서 발화가 지니는 가능성을 최대한 이끌어낼 것인지, 더 나아가 그러한 발화가 이후 어떤 다른 차원의 개입과 연결될 수 있을지, 그 실효성과 적합성을 가늠하는 작업이었습니다.

노동조합 이전의 삶이 좋아하는 일, 재미있는 일, 익숙하기 때문에 편안한 일 그러므로 '하고 싶은 일'에 관한 지극히 '개인적인 지향'을 따랐다면, 노동조합에서 일하는 동안의 삶은 저에게 '해야 하고 필요한 일'을 부과하는 '상황의 강제와 조직의 의지'를 따랐습니다. 혹자는 이러한 변화를 두고 집단에 소속되어 자유로운 개인의 모습을 상실하는 것, 그러니까 이른바 주체성 혹은 자율성이라 불리는 덕목들과의 결별이라 생각할지도 모르겠습니다. 강제라는 표현이 보통은 불행과 고통의 이미지를 포함한다는 점을 고려하면 마치 이 글에 담긴 것이 노동조합에서 보낸 2년에 대한 저의 회한처럼 보일 수도 있겠고요. 실제로 어떤 집단이든 그곳에 속해 그 집단이 부과한 책임과 의무를 따르는 삶은 예외 없이 개인의 자아에 어떤 '손상'을 입힙니다. 중요한 것은 무엇을 위해, 어떻게 손상될 것인가라는 문제입니다. 경우에 따라 이른바 '자아'의 손상은 자유와 연결되며 그로써 존재의 특정한 형상인 주체를 향해 나아가는 과정의 한 단계로 기능합니다.

주체적인 특성, 즉 주체성은 시류와 통속적 사고방식, 기성 체제의 욕망으로부터 자유로운 사유와 태도를 동반합니다. 온갖 중요한 제도적 결정은 대학 본부와 전임 교원들이 도맡을 일이며

'미성숙한 피교육자'인 동시에 '교육 서비스의 소비자'인 대학원 생은 주어진 결정에 따르기만 하면 된다는 생각, 학생과 노동자 의 정체성은 양립이 불가하며 그렇기 때문에 대학원생의 삶 속 에 대학의 재생산과 발전에 기여하는 노동이 실재하더라도 학생 신분임을 들어 기본적인 노동권을 보장하지 않아도 된다는 생각, 대학-학계 내 구성원 사이에는 그저 직군이나 나이, 성의 차이 에 따른 위계와 차등의 관계만이 가능하다는 생각. 더 나아가 사 실상 반反정치에 지나지 않는 탈脫정치의 태도가 순수하고 마땅 하다는—혹은 연구자다운 태도라는—오해, 무언가를 바꾸고 싶 다면 기존의 권력 관계에서 상층에 오를 때까지 실천을 유보하는 게 현명하다는 믿음 등에 사로잡히기를 거부하고 스스로 새로운 질서를 세우겠다 결단하는 일이 곧 자유로운 삶의 첫걸음입니다.

재미있는 사실은 시류와 통념, 기성 체제의 욕망이 일종의 내 면화된 규율로서 자아의 일부를 이룬다는 점입니다. 그러므로 단 순히 거리를 두겠다는 마음을 먹는 것만으로 손쉽게 시류와 통 념, 기성 체제의 욕망으로부터 자유로워지는, 그런 평화로운 해 방은 있을 수 없습니다. 앞서 '하나의 단계로서의 자아 손상'을 이 야기한 까닭이 여기에 있습니다. 세계의 변화를 촉발한다는 운동 의 의지는 언제나 그 운동에 참여하는 이의 자기 갱신을 함께 요 구합니다. 폐쇄적 단독성인 나로부터 타인과 우리로, 동질성이 주는 안전함에서 이질성에 의한 불안과 위험으로, 고요하고 정례 를 따르는 삶에 대한 애착으로부터 온갖 우발성의 수용으로, 확 실한 성과 대신 반복되는 실패의 가능성으로 향하는 것처럼 자기 갱신은 기존의 '나다움'을 부수고 새로운 지향에 연결된 나를 거듭 구성하는 과정입니다. 운동에 개입한다는 것은 곧 '나는 무엇이며 어떤 사람인가'라는 자신에 관한 닫힌 규정에서 '운동 안에서 나는 무엇으로써 쓰일 수 있는가' 그리고 '이념과 운동이 가리키는 방향에 따라 나의 삶을 어떻게 거듭 구성할 것인가'라는 열린 질문으로 나아가는 일과 다르지 않습니다.

덧붙여 구조적 억압과 착취를 거부하는 새로운 질서는 오로지 집단과 조직을 통해서만 정립될 수 있습니다. 각자의 다양한 고충을 수합하여 보편적인 구조의 문제를 도출하고 이를 공공의 언어로 번역하는 능력, 대학 본부나 관계 부처를 직접 상대하는 협상의 능력, 실태조사, 기자회견, 집회 그리고 소송 등의 추진을 위한 갖가지 실무의 능력은 물론이며 상황이 요구한다면 구성원 각자의 성정과는 무관하게 한없이 뜨거워지거나 냉정해질 수도, 또 거칠어질 수도 있는 집단의 태도 등은 어디에도 묶이지 않아 그저 자유로울 뿐인 개인들에는 깃들 수 없는 역량이기 때문입니다. 저는 여러 가지 의미에서 확실하게 개인주의적인 사람입니다만 공통의 문제를 상대하려면 흩어진 낱낱의 신체 혹은 정체성을 끈끈하고 실질적인 관계로 연결하는 공적 조직의 존재가 불가결하며 이렇게 잘 짜인 조직만이 실질적 영향력을 담보할 수 있음을 믿어 의심치 않습니다.

요는 '자유로운 개인'이라는, 이 매력적인 존재의 단위가 어디에도 속하지 않아 그 어떤 강제에도 매이지 않는 '자연인' 같은 형태로 실현되지 않는다는 것입니다. 오히려 개인이 진정으로 자유로워질 수 있는 가능성은 자신의 존엄을 믿고 그 믿음을 관철하기 위해 해결해야 할 현실의 문제와 대결하겠다는 결단을 내릴

때 열립니다. 그리고 그렇게 열린 가능성은 더 나은 현실을 구성
하기 위해 어떤 이념을 따를 것인지 또 이념의 실현을 위해 어떤
집단에 소속되어 그 집단이 정한 (권리와) 의무에 묶일 것인지를
스스로 판단하는 자율성을 발휘함에 따라 실현됩니다. 행여 다른
사람들의 상찬이나 즉각적인 보상이 따르지 않더라도 자기의 존
엄함에 관한 믿음을 준거로 삼아 존재와 삶의 지향을 결정하고
실천하는 자율성 말입니다. 존엄을 추구하는 이상 우리는 우리의
세계와 "더불어 있되 그것과 더불어 있지 않"[52]는 방식으로만 존
재할 수 있습니다. 인간이자 시민, 연구자로서 자기의 존엄을 믿
는 자는 학문 생태계의 일원으로서 그곳의 가장 어지러운 한가운
데에 자리하되, 현 시대 학문 생태계의 모순을 타개하려 함으로
써 그곳과 더불어 있기를 거부합니다.

　우리는 자아의 선호만을 따를 때보다 조직을 통해 재현된 보
편의 의지와 그에 결부된 소임을 좇을 때 더 많은 것을 기꺼이 받
아들이고 수행하며 또 달성할 수 있습니다. 그러한 맥락에서 저
에게 노동조합에서의 2년은 다음 세 가지 차원에 대해 충실할 수
있는 기회였습니다. 첫 번째는 한 사람의 구성원으로서 우리의
공동 영역인 대학-학계를 평등하고 안전하며 합리적인 장소로
가꾸기 위해 져야 할 의무와 그러한 장소를 추구할 수 있다는 권
리의 차원입니다. 두 번째는 연구하고 글을 쓰는 삶의 시간 속에
서 익히고 수용했지만 제가 운동의 한 부분으로써 기능하는 동안
에도 판단과 선택, 행위의 기초적인 지침으로
쓰였던 이론과 지식의 차원입니다. 마지막은
서로 다름과 다양성에 대한 피상적 이해를 넘

52. 알랭 바디우, 『세기』,
박정태 옮김, 이학사,
2014, 49쪽.

어 생생한 실체로서의 타인들과 때로는 협력으로 또 때로는 충돌과 논쟁으로 직접 부딪치는 실질적 관계의 차원입니다. 특히 이 관계의 차원에 대한 충실이야말로 힘들기 이를 데 없지만 그만큼 값진 일이었고 또 가장 많은 것을 배운 지점이었습니다.

임기 종료와 함께 저에게 부여된 과제가 있습니다. 노동조합에서 일한 시간이 한낱 일회적인 경험, 지나간 일, 박제된 이력으로 남지 않도록 하는 일이 바로 그것입니다. 이전처럼 앞으로도 연구하며 글을 쓰는 삶을 살 테지만 그 삶은 조직 운동 이전과 동일한 삶이 아니어야만 한다고 믿습니다. 특정 직군 그리고 시민 사회의 성원으로서 그에 따르는 권리와 의무를 성실히 대하는 일, 이론·지식과 실천의 층위 사이에 동떨어짐이 생기는 것에 대한 경계 그리고 타인과 따로 또 함께 생산적인 목표를 설정하고 이를 추구하는 절차가 어떻게 반복되고 지속되도록 할 것인가를 일생의 연구 과제로 여겨야만 하겠습니다. 그리하여 노동조합에서의 2년이 제 삶의 불가역적 계기로서 거듭 현재화되도록 강제해야만 하겠습니다. 아무런 강제가 없는 것보다는 복잡하고 피곤한 삶이 되겠지만 그러한 강제를 통해 스스로 자신의 기능과 역할을 고민하는 가운데 더욱 자유로워지리라 확신합니다.

7. 대학−학계의 두 가지 역사[53]

대학−학계의 구조적 관성의 역사와 그 속의 대학원생

1990년대 후반을 기점으로 대두되었던 대학의 새로운 경향은 이제 하나의 지배 원리로 자리매김했습니다. 이른바 '대학 기업화'라 불리는 이 경향은 대학 재정의 정부·기업 출연 과제에 대한 의존과 비용 절감을 최우선으로 하는 운영 형태의 추구를 포함합니다. 바꿔 말하자면 지금의 대학은 운영 측면에서 1990년대 이후의 특수한 조건 위에 서 있으며 필연적으로 그러한 조건에 상응하는 경향성을 고수하는 것만이 가능한 대학입니다. 명명의 투박함을 감수하자면 그와 같이 특수한 조건 위에서 펼쳐진 대학의 역사 일반을 '구조적 관성의 역사'라 부를 수 있을 것입니다.

53. 이 장은 '역사문제연구소'에서 펴낸 『역사문제연구소 회보』 62호에 제출했던 「대학의 구조적 관성의 역사와 연구자 공동체의 개입하는 주체사」를 수정, 보완하여 실은 것입니다. 해당 원고를 책에 활용할 수 있게 허락해주신 역사문제연구소에 다시금 감사의 말씀을 전합니다.

비인격적인 동시에 윤리적 판단과는 무관한 힘인 이 구조의 관성은 연구자들의 일상에 일련의 모순을 형성했습니다. 이때 '연구자'라는 범위에는 전임교원부터 비정규교수, 독립 연구자에 이르기까지 다양한 지위와 처지의 인원이 두루 포함되는데, 각자가 선 지평에 따라 모순 가운데 무엇이 가장 먼저 눈에 들어오는가 그리고 무엇을 가장 절절하게 느끼는가에는 차이가 있을 것입니다. 저는 앞선 논의를 통해 대학-학계의 상황 속에 분명히 존재하지만 아직 공공의 언어로써 재현되지 못하는 어떤 영역으로 시선을 돌릴 것을 제안했습니다. 그 영역이란 바로 대학원생의 노동과 일하는 대학원생이 마주하게 되는 모순들입니다.

지금까지는 제가 속한 인문계열 대학원생의 처지를 중점적으로 다뤘으나 실상 대학의 구조적 관성과 이것이 빚은 모순은 그 세부적인 양상만 다를 뿐 대학원생 일반에 대해 '공평'하게 영향을 미쳤습니다. 특히 정부나 기업이 발주하는 연구 과제에 대한 의존도가 높은 이공계열에서 대학원생의 노동과 그들이 직면한 모순이 가장 뚜렷하게 나타납니다. 연구 과제 수주 여부가 곧 연구실의 운명을 결정하게 됨에 따라 연구책임자인 교수는 어느덧 중소기업 사장과 같은 역할을 떠맡게 되었습니다. 연구 과제의 수주가 곧 연구의 성립 조건이 되는 상황, 그러니까 과제의 발주처로부터 지급 받은 연구비를 통해 학생들의 인건비를 포함하여 연구에 쓰이는 온갖 비용을 충당하는 것은 물론 과제 내용과의 연결성 속에서 연구책임자 자신과 지도 제자들의 연구 성과를 산출하는 것 또한 가능한 상황은 거꾸로 생각하면 과제를 수주하지 못할 경우 연구가 불가능해지는 상황입니다. 계속해서 일정한 규모의 연구 과제를 수주하여 연구비를 확보할 수 있다는 보장은 없기 때문에 연구실에서는 궁핍의 시기를 대비하고자 학생연구원들에게 지급된 인건비 중 일부를 다시 걷어 별도의 계좌를 운영하기도 합니다. 이른바 '인건비 페이백pay-back'과 이를 통한 '인건비 공동 관리'[54]가 그것입니다.

일단 인건비 페이백은 '편취'에, 공동 관리는 '용처와 비목을 준수하는 집행 후 잔여금의 반환'이라는 원칙을 임의로 거스르는 연구비 부정 운영에 해당합니다. 그러나 대학 내 연구실들이 마주한 공통의 악조건, 그러니까 연구실 재정의 안정적인 확보가 불가능하다는 구조적 한계 때문에 양자가 공공연한 관행처럼 이루어져 왔으며 연구실 소속 대학원생들 역시 이러한 관행을 어느 정도는, 그리고 어쩔 수 없이 받아들여 따르기도 했습니다. 인건비 공동 관리를 통해 조성된 독립 계좌의 자금이 '연구를 위한 우리 모두의 비상금'으로만 쓰인다면 그나마 다행입니다. 문제는 연구책임자인 교수와 대학원생 사이의 불평등한 관계 때문에 인건비 공동 관리의 관행으로부터 심각한 착취가 유발될 수 있[55]다는 사실입니다. 실제로 독립 계좌의 돈을 연구책임자가 사적으로 유용하거나 대학원생이 수행하는 연구-노동의 실제 강도보다 턱없이 적은 금액만이 분배되는 등의 사례가 적지 않았습니다. 또한 인건비 공동 관리라는 자

54. 연구실의 독립 계좌 운영 자체가 공식적인 제도가 아닌 만큼, 이와 관련된 명칭들 또한 통일되지 않고 각 대학이나 운영 주체별로 조금씩 다르게 쓰이고 있습니다. 이 책에서는 제도적 영역과는 무관하게 연구실별로 관행처럼 이루어져 온 독립 계좌의 운영을 "인건비 공동 관리"로, 뒤에서 언급할 대학의 책임과 관리하의 학생 인건비 통합 관리 체계를 "(기관) 풀링제"로 표기합니다.

55. 강태경, 「대학의 변화와 하나의 직종으로서 대학원생」, 『진보평론』, 제76호, 2018, 204쪽.

구책의 존재와 그 작동은 시급하면서도 중요한 사안들에 관한 논의를 가로막는 알리바이로 기능합니다. 이를테면 간접비 수입을 통해 많게는 한 해 재정의 3분의 1 가량을 충당하는 대학 내에서 이루어지는 연구와 관련된 예산과 행정, 노동에 관한 관리 책임의 소재를 연구책임자 개인에게만 일임하는 것이 맞는가, 연구 과제를 수주할 일이 거의 없는 기초 학문은 어떻게 유지될 수 있는가와 같은 사안들 말입니다.

인문·사회계열 대학원은 시대가 요구하는 생산물, 그러니까 직접적인 교환가치를 내포하는 연구 실적을 산출하지 못한다는 이유로 대학 내에서 주변부 취급을 받습니다. 상황이 이렇다 보니 학과와 대학원생들은 한국연구재단의 학문 지원 사업에 사활을 걸 수밖에 없습니다. 오죽하면 석사 진학 단계부터 "그 대학원이 두뇌한국사업(BK21 플러스)을 하고 있느냐 아니냐에 따라 교외 아르바이트를 해야 하느냐 아니냐가 결정된다."[56]는 말이 있을 정도입니다. 한시적이고 미미한 학문 지원 사업의 수혜마저 받지 못하는 다수의 대학원생은 앞선 인용구처럼 교외에서 일을 구하거나 학내 교육, 연구, 행정조교직 등을 수행함으로써 등록금과 생활비 그리고 공부와 연구에 들어가는 기타 경비를 마련합니다. 연구 사업의 수행, 학과 운영과 행사 전반의 추진에 필수적인 행정과 살림살이, 대형 강의에 따르는 수강생의 출결 관리, 채점, 각종 상담 등의 수업 보조 등…. 전일제 대학원생 대다수는 자신의 공부와 연구에만 시간을 오롯이 할애할 수 없습니다. 대학의 행정 체계가 작동을 잠시 멈추는

56. 오창은, 「학술 문화자본의 지배구조와 한국연구재단」, 『누가 문화자본을 지배하는가?』, 문화과학사, 2015, 94쪽.

저녁 여섯 시 이후 혹은 학술지 발간이나 학회 등의 일정이 없는 학계의 비수기가 그나마 대학원생이 전유할 수 있는 자기 시간입니다. 이처럼 대학원생은 학생인 동시에 대학-학계가 필요로 하는 노동의 담당자 중 하나입니다. 대학원생이 일하기를 중단한다면 대학-학계도 그 작동을 멈출 것입니다.

대학-학계의 유지와 재생산에 대학원생의 노동이 기여하는 바가 상당합니다. 그럼에도 여전히 학계라는 연구자 공동체의 담론, 고등교육과 연구를 담당하는 기관으로서의 대학의 학칙, 그리고 사회적 공통 감각과 제도는 대학원생의 학생으로서의 일면만을 강조하고 노동자성을 인정하지 않음으로써 그 존재가 분명한 대학원생의 노동과 기여를 적절히 재현하지 못하고 있습니다. 이에 더해 일련의 현실 모순과 결합한 교수 권력의 관성 또한 사적 업무 지시, 성폭력, 폭언·폭행 등으로 나타나 대학원생의 일상을 위태롭게 만듭니다. 다니던 회사를 그만두고 전일제 학생으로 대학원에 입학한 조합원이나 제보자들로부터 "어쩌 대학이 회사보다 더 이상한 것 같아요. 대학원에 오기 전 가졌던 '학문하는 사람들'에 대한 환상이 완전히 깨졌어요. 공부가 너무 하고 싶어서 대학원에 왔는데, 지금은 그때 그 결정을 후회해요." 같은 이야기를 종종 들었습니다. 아무리 사람 사는 데 다 거기서 거기라고는 하지만 구성원의 기본권에 관한 사유를 벼리고 자유와 평등의 사회를 지향하는 실천에 선도적인 역할을 해야 할 대학-학계의 실정이 바깥세상의 그것보다 뒤져 있다면 이는 참 부끄럽고 또 슬픈 일입니다.

구조를 다루는 두 가지 방식: 구조조정과 구조의 재구성

"대학원생노동조합은 교수랑 싸우는 조직인가요?" 노조에서 일하는 동안 퍽 자주 받은 질문입니다. 당연히 교수들을 혼내주겠다는 생각으로 대학원생노동조합을 만든 것은 아닙니다만 안타깝게도 대학원생의 기본권 침해는 보통 교수에 의해 발생하며 이와 같은 현실은 위계에 근거한 학계의 권력 작동 방식과 교수가 사용자성을 띠는 상황에 기인합니다. 그래서 노동조합 설립 후 제보를 받고 몇몇 문제 교수의 행태를 공론화하거나 징계를 촉구하기도 했습니다. '일벌백계'가 필요한 순간도 있으니까요. 그러나 대학원생의 인권과 노동권의 제고를 위해 교수라는 직종 일반을 적대하는 것은 무의미한 일입니다. 권력은 어디까지나 구조의 요소 중 하나입니다. 따라서 권력이 건전한 방식으로 작동되기를 원한다면 개인이 특정한 위치에서 행사할 수 있는 힘의 구성 원리를 파악한 후 그 범위와 한도를 조율하는 공동의 경계선을 마련하는 것이 유의미한 동시에 합리적인 해결책입니다. 그러나 실상 현재의 대학은 행정과 집행의 자율성만을 극대화하는 방식으로 운영되고 있으며 그 일환으로 본부에 귀속되어야 할 권한과 책임까지 교수 개개인에게 거의 전적으로 위임하고 있습니다.

그러므로 학문적 권위와 과잉된 권력의 잘못된 작동을 구분 짓고, 후자가 대학원생에게 절대적 영향을 행사하는 전인격적 위계로 연결되지 않도록 대학 본부가 행정과 조직 관리상의 더 큰 책임을 지도록 유도해야 합니다. 실제로 근로장학과 정부 출연 과제의 운영 과정에서 나타나는 '부당 노동 행위'는 대학원생의 노동을 관련 제도의 주요한 항목으로 재현하고 그러한 재현에 따라 학교 본부나 국가를 사용자로 한 노사 관계가 정립될 때에만 근본적인 해결이 가능합니다. 즉 교수에 의한 조교의 사유화, 연구책임자에 의한 연구 인력과 자원의 사유화를 방지하려면 일차적으로 대학 본부가 대학원생-노동자의 채용과 관리, 연구비 집행을 총괄하고 부당 노동 행위나 연구비의 편취, 유용 같은 사건이 발생했을 때 그에 관한 최종적 책임까지 져야 한다는 것입니다. 물론 대학 본부가 이러한 역할과 책임을 제대로 이행하도록 감독하는 관련 부처—교육부와 과학기술정보통신부, 미래에는 고용노동부도—의 역할과 책임도 함께 강화[57]되어야 합니다. 지금의 대학에는 하던 대로 하려는 자동적 경향 말고, 구조를 정비하고 더 나아가 새로이 구성하기를 겨냥하는 의식적 시도들이 반드시 필요합니다.

일반적인 연구자의 생애 주기, 그러니까 대학원생에서 강사·비정규 연구자로 그리고 전임교원으로 이어지(기도 하)는 주기를 고려할 때, 근본적인 '대학 구조의 재구성'이 필요한 까닭은 더욱 선명하게 드러납니다. 하나의 사례가 있습니다. 2019년 8월, 많은 인문·사회계 대학원생의 미래일 강사의 교원 지위 인정을 골자로 하는 고등교육법 일부개정안(이하 개정 강사법)의 시행을 앞두고 대부분의 대학은 대대적이고도 졸속적인 학사 제도 개편을 꾀했습니다. 혹자는 개정 강사법 시행이 대량 해고의 직접적인 원인이라 이야기하지만 이전부터 대학들은 '수지 타산'에 따라 꾸준히 강

57. 신정욱, 「대학원생 노동자에 관한 노동자성 부정논변 반박」, '2018년 비판사회학대회: 신자유주의 극복과 포용을 위한 사회적 모델' 발표문. 비판사회학회, 2018, 12쪽 참조.

사 수를 줄여 왔습니다. 그 무렵 강의·연구 노동자의 절반이 비정규직이었고 이들에 대한 강사료 지출은—별도 법인으로 되어 있는 산학협력단의 재정을 제외하고 보면—전체 재정의 2퍼센트대에 지나지 않았습니다. 게다가 의지만 있다면 대학은 충분히 관련 법령에 의거하여 일부 항목의 적립금을 소용할 수 있습니다. 상황을 두루 살피자면 개정 강사법은 오랜 기간 대학이 고수해온 경향을 선명하게 가시화하는 계기로 작용한 듯 보입니다. 대단위 강의 증설과 학과 통·폐합을 단행하는, 더 나아가 학내 환경 미화와 시설 관리를 간접 고용 비정규직으로 전환한 후 필요에 따라 편리하게 해고하는 바로 그 관성을 따름으로써 대학들은 2018년 3월 14일부터 8월 8일까지 약 6개월 동안 이어진 총 18회의 '대학 강사제도 개선 협의회' 회의에 직접 참석, 자신들 또한 최종안에 동의했던 개정 강사법[58]의 기본 취지를 심각하게 왜곡, 훼손했습니다.

　핵심은 작금의 구조가 스스로의 유지를 위해 대다수의 연구자에게 평생의 불안정 노동을 숙명인 양 받아들이라고 강제한다는 데 있습니다. 존재와 기능은 분명한데 그에 대한 재현이 부재하는 상태와 연결된 경제적 불안은 실존적 불안과 뗄 수 없는 한 쌍을 이루는 법이며 불안한 연구자가 양질의 연구를 생산할 수 없음은 자명합니다. 대학원생은 노동으로 재현되지 못하는 노동 때문에, 강사는 교원으로 재현되지 않는 상태에서 강의 노동을 이어왔기에 불안했습니다. 이러한 맥락에서 개정 강사법이 일용 잡급직으로 분류되던 강사의

58.　이용우, 「개정 강사법의 안착을 위하여」, '대학 강사 대량해고와 수강신청 대란—원인과 해법은 무엇인가?' 정책토론회자료집, 2019. 3. 13, 79~80쪽.

교원 지위와 노동자성을 인정한다는 것은 단순한 명칭의 변경을 넘어서 대학이 시간강사를 '합법적으로 차별'할 수 있었던 전제를 해소한다는 의미입니다. 또한 위촉으로 강의를 배정하던 기존의 방식이 공개 채용으로 전환되며 재임용 절차와 소청심사권을 보장[59]함은 전임교원과 강사 사이의 관계에서 강의 배정과 유지, 그리고 임용을 빌미로 한 착취가 발생할 여지를 제도적으로 차단하는 일이기도 합니다. 마지막으로 대학과 전임교원에 의해 결정되는 삶의 향방을 따라야만 했던 강사의 처지는 이제 스스로의 의지에 따라 관성을 거스른다는 운동적 계기 위에 자리하게 되었습니다. 물론 이러한 의지의 관철은 강사 개개인의 성취가 아닌, 조직된 강사들의 전략과 실천을 그 절차로서 요구할 것입니다.

대학 구조의 재구성은 대학 본부 주도의 구조조정과 질적으로 다른 절차를 지시합니다. 수지 타산의 원리를 관철하고자 구성원 전반의 불안정성을 적극적으로 조성하는 대학 구조조정은 외형과 재정의 유지를 넘어서는 다른 것을 상상할 수 없는 구조만을 재생산하고 있습니다. 반면 지금 절실한 대학 구조의 재구성은 기계적 관성에 제동을 걸고 다른 방향의 운동성을 부여하려는 목적에 따라 학생과 연구자 집단이 견인할 유기적이며 주체적인 절차입니다. '절실하다'고는 했으나 그간 구조의 재구성을 위한 작업이 일절 진행되지 않은 것은 아닙니다. 연구실들의 관행이던 인건비 공동 관리를 대학의 관리 영역으로 편입시킨 기관 풀링제 (학생 인건비 통합 관리 지침)와 대학원생의 최

저생활비 보장을 위한 학연장려금[Stipend] 제도의 마련·개선 논의부터 10여 넌 동안

59. 임순광, 「[시론] 새 강사법 안착, 정부의 역할」, 「경향신문」, 2019. 6. 14.

지속된 강사법 개정-입법 투쟁과 제도의 안착을 위한 후속 조치들, '전국대학원총학생회협의회'가 주도했던 고등교육법 개정안들의 제안, 복수의 대학에서 학부생들을 중심으로 전개되었던 총장 직선제 요구 운동, 홍익대학교의 '모닥불'과 숙명여자대학교의 '만년설'이 보여준 학생 그리고 미화·경비노동자들의 연대까지…. 참조하고 계승하는 가운데 끊임없이 현재화해야 할 시도들이 있었습니다.

대학 구조의 재구성이라는 큰 틀 안에서 연구자 사회의 새로운 문화들을 어떻게 정립할 것인가를 고민하는 일 또한 중요합니다. 대학-학계에 만연한 위계의 관성을 어떤 새로움으로 거듭 세울지에 관한 논의가 학계 구성원들의 공통 지평 위에서 활발하게 이루어져야 할 것입니다. 자유롭고 평등하며 안전한 대학, 성숙한 학계는 바로 이러한 민주적 역량의 발휘를 통해 구축될 수 있습니다. 물론 그전에 대학원생과 교수 사이의 관계를 '현대적'이며 '사회적'인 특성에 따라 명확하게 규정하는 작업이 긴합니다. 전술한 대학원생의 노동자성 인정과 더불어 강사 그리고 전임교원의 연구와 강의 활동이 지니는 노동으로서의 성격[60]에 대한 고찰이 동반될 때, 관계의 재규정 문제에 있어 유의미한 실마리가 나타납니다. 진리를 탐구하는 순간에는 선학과 후학으로서 상호 존중하며 교학하고 연구와 교육 환경을 개선하거나 공통의 대의를 관철하기 위해 대학 본부를 상대하는 순간에는 대학원생, 강사, 전임교원이 운동의 동료로서 연대하는

60. 이와 관련하여 작년 가을 교수노조의 단결권을 인정한 헌법재판소의 판결은 그 의미가 상당합니다. 판결의 요지는 MBC, 「헌법재판소 '대학교수 노조 금지' 헌법불합치 결정」, 2018. 9. 3.을 참조하기 바랍니다.

관계라는 실마리 말입니다. 위계의 관성이 연구자 공동체의 유지
와 발전에 별 도움을 주지 못한다는 사실을 인지하고 이로부터
벗어나기로 작정한다면 전에 없던 입체적이고 아름다운 관계의
형태를 새로 빚는 일 또한 불가능할 이유가 없습니다. 당연히 가
능하다고 저는 믿습니다.

정치적인 것의 기입을 통한 주체의 주조와 결절의 형성

구조적 관성의 역사라 정의한 대학의 잔혹사를 돌아볼 때마다,
그리고 현재에도 진행 중인 관성의 강력한 자동운동을 목격할 때
마다 떠오르는 질문이 있습니다. "역사를 만들어가거나 뒤집을
수 있는 능력이 인간에게 고유성으로 깃들어 있는가?"라는 물음
이 그것입니다. 실제로 어떠한지 저로서는 알 수 없습니다. 이 물
음에 대한 답은 분석이 아닌 믿음의 영역에서만 도출 가능한 것
인지도 모르겠습니다. 다만 사람들이 특정한 형식에 따라 결합한
다면 구조적 관성의 역사에 어떤 결절 혹은 흠집을 만드는 것은
가능하다고 생각합니다. 달리 표현하자면 목표와 가치, 이해 관
심과 전략을 공유하는 개인들의 잘 조직된 공동체만이 구조적 관
성을 비트는 또 다른 운동성을 담지한다는 이야기입니다. 그와
같은 운동성이 발현될 때 비로소 대학의 자리는 통념상의 대학
서열 순위표나 신문사, 행정 부처가 내놓는 대학 평가 등급 속 한
귀퉁이를 벗어나 교육과 연구에 종사하는 지식 생산자들의 삶 한
가운데로 옮겨 오게 될 것입니다. 그렇다면 구조적 관성을 비트

는 운동성을 발현시키기 위해 무엇을 어떻게 해야 할까요.

가장 먼저 올 것은 대학의 각종 문제가 구조에서 기인한 것이며 조직된 공동체의 대상인 '공통의 문제'라는 선언입니다. 가령 연구자 사회에서조차 아직은 대학원생의 처지를 개인적 불행으로, 교수의 갑질을 개인적 일탈로 바라보는 관점이 지배적입니다. 이런 관점에 준해서는 문제틀로부터 생산적 효과를 끌어낼 수 없습니다. 운이 좋아 인격적으로 훌륭한 교수를 만나고 썩 괜찮은 연구 환경에서 생활하는 대학원생도 있지만 매일 반복되는 갑질과 인건비 착복 등을 견디다 못해 학업을 중도에 포기하는 대학원생도 많습니다. 명색이 제도권 학문의 장에서 구성원들의 삶이 운에 의해 극단적으로 갈린다는 사실 자체가 비극입니다. 그렇기 때문에 구성원 각자가 마주하는 개개의 난관으로부터 대학 운영의 한계, 대학-학계 내에서의 권력의 작동 원리, 성적 불평등과 같은 보편적 의제를 도출하는 동시에 얼마간의 조치만으로는 해결할 수 없는 근본적 모순이 존재함을 가시화해야 합니다. 이후에 올 것은 상황에 지속적으로 개입할 것을 결단하고 이를 실천하는 일입니다. 담당 부처와 대학 본부를 상대로 당사자들의 요구를 관철하기 위한 정책 제안, 여론화, 담론 형성과 경합의 견인, 현장 투쟁 등은 개입의 구체적인 전략에 해당합니다.

실질적으로 이 모든 절차는 대학에 '정치적인 것을 거듭 기입'하는 실천과 등치됩니다. 다른 한편으로는 특수한 현상들로부터 보편성을 추출한다는 점, 자연화된 온갖 것에 의문을 품는다는 점, 유효한 문제를 제기해야 한다는 점, 분석과 판단에 의거하여 전략, 즉 방법론을 선택한다는 점, 세계의 개선과 대의를 추구한다는 점에서 학문적 진리의 탐구 행위와도 접촉면을 지닙니다. 어쩌면 대학의 진보에 요구되는 것은 대단하고 유별난 무언가가 아니라 연구 대상에 기울이던 주의를 연구 그 자체가 묶여 있는 일상의 세계에도 할애하는 동시에 탈정치로 포장되어온 반정치 이데올로기와 손절하는 연구자의 전회일 것입니다. 연구자의 전회는 자신의 존엄을 스스로 세움에 있어서도 그렇지만 스스로가 이 직업 공동체의 일원이 되기로 결정한 순간 부과된 책임을 완수하기 위해서도 필수적인 결단입니다. 지식 생산을 담당하는 직군의 성원들에게는 연구의 질적, 양적 성취 외에도 생산 영역의 환경과 질서를 단속해야 할 사회적 책임이 있습니다. 나중에 이곳에 올 사람들에게 전해야 할 것은 사유의 편린들과 활자, 기술적 숙련만이 아닙니다. 자유롭고 평등한 삶을 뒷받침할 구조를 내포한 지식 생산의 토양 또한 함께 건네야 합니다. 오로지 정규직 교원과 강사, 대학원생 당사자들만이 연구자-주체의 자격으로 이에 앞장설 수 있습니다.

지금 대학의 자리가 어디든, 기존의 상황이 허락하지 않는 것을 기꺼이 실현하려는 상상, 한층 불온하고 급진적인 질문들이 연구자 주체들의 정치적 개입에 의해 그곳에 늘 있기를 바랍니다. 결국은 조직된 연구자들의 개입과 실천이 억압적 관성에 따라 주조되어온 대학의 역사 내부에 자유롭고 평등한 공동체의 꿈이라는 대안적 역사를 적어 넣게 될 것입니다. 이것은 전망인 동시에 믿음이며, 또 목표입니다.

연구자로 살기를 계속할 이유

정혜진

(전 대학원생노동조합 교육선진국장/여성위원장)

대학원생의 죽음은 애도될 수 있는가?

2023년 한 해에만 대학원생 세 명이 죽었다. 물론 언론에 보도
된 것만 그렇다. 대학원 생활의 고통으로. 학업과 생계를 위해
하청 노동자로 일하다가. 대학 내 문제적 노동 환경과 교수의 언
어폭력 때문에. 그런데 세상이 너무 조용하다. 대학원생노조가
추모와 규탄의 성명을 내기도 했고, 사안이 국회에서 다뤄지기
도 했다. 그래도 세상은 조용하기만 한 것 같다. 이 감각은 무엇
일까? "대학원생의 죽음은 애도될 수 있는가."라는 근본적인 의
문인 듯하다. 대학원생에 대한 애도는 금지되는 것이 아니라 상
상되지 않는다. 혀를 차거나 입을 틀어막거나 탄식을 내뱉지만,
마땅한 애도의 자세는 떠오르지 않는다. 그 공백이 너무도 슬프
게 느껴진다.

애도는 망자의 삶이 사회적으로 어떻게 의미화되는가의 문제

이다. 대학원생은 불온하지 않다. 피곤한 존재다. 그들이 처한 구조적 문제들은 사회뿐 아니라 대학원생 자신에게도 피로로 다가온다. 왜일까? 물론 변화가 지지부진하기 때문일 것이다. 그러나 그뿐일까? 적어도 한국에서 대학원생노조 운동이 조직된 이래 유의미한 변화가 없지 않았다. 우리의 피로는 대학원생의 '경과적 신분'과 관련되는 듯하다. 모두가 그 신분의 적당한 재생산과 탈출을 원한다. 그러지 못한 '고인물'은 그 자체로 피로하고 송구한 존재다. 이러한 자의식 또한 지리멸렬해 사회적 고립이 자연스러워진다. 대학원생 당사자 운동이 어려운 이유다.

사회에는 '경과적 신분'으로 간주되는 여러 행위자가 존재한다. 학생, 아르바이트생, 수험생, 직업훈련생, 조교, 대학원생 등. 이러한 신분이야말로 교차적이며, 그 행위의 사회화·언어화되기가 꺼려진다는 점에서 공통적이다. 이들은 장학생, 초단기 근로자, 실업자, 인턴, 비정규직 등으로 불리기도 하지만, 여전히 자기 이름의 의미를 갖지 못한다고 느끼며 싸우고 있다. 이름의 의미를 갖는 것은 더 잘 식별되고자 함이 아니다. 기성 패러다임의 일부가 되려는 게 아니다. 기존의 이름과 의미들을 의문에 부치고 사회적 존엄성을 획득하겠다는 것이다.

연구자로 살아갈 이유

나에게 연구란 무엇인가? 사회적 통념을 거침없이 치밀하게 넘어 자유로워지는 것이자, 그 과정을 통해 지식을 갱신하며 사회에 개입하는 행위다. 나는 이를 '노동'이라 여긴다. 연구·교육 자체가 대학원생들이 학회 간사, 프로젝트 연구원, 조교로서 수행하는 노동으로 구성될 뿐 아니라 1996년에 연구과제중심제도 Project Based System가 도입되고 대학의 연구실이 R&D와 연동된 이래 수많은 대학원생의 연구는 이와 관련한 노동을 직접 수행하는 가운데 이루어진다. 이러한 현실에도 연구와 노동의 이분법은 연구 노동의 현실을 엄폐하여 연구자가 사회보장으로부터 배제되어야만 연구 제도에 참여할 수 있도록 하는 국가와 대학의 시스템에 의해 재생산되고 있다. 이때 사회보장으로부터의 배제는 노동자가 아님을 증명하는 표지가 된다. 이렇게 연구자(특히 대학원생)는 연구·교육 노동의 저임금 노동력으로 활용되면서 대학 행정의 저임금 노동력으로도 동원되고, 대학 밖의 저임금, 불안정 노동과 접속된다. 그럴수록 연구자는 연구가 노동과 더욱 분리되기를 바라고, 연구의 분절화·개별화로서의 성과주의에 침윤되기 쉬워진다. 연구는 실적으로 협소화된다.

　연구자들의 삶과 노동에 대한 이와 같은 문제의식이 공유되어 대학원생노조 운동이 일어났다. 공통의 문제의식을 가진 새로운 동료들을 만나 서로 의지하면서 한국 최초의 대학원생노동조합을 결성하기에 이른 순간들을 생각하면 지금도 가슴이 설렌다. 대학원생노조가 출범했을 때, 적잖은 사람은 "'대학원생들'이 노조를 만들다니, 놀랍다!"라고 말했다. 학술 활동 자체는 거대한 협업임에도 학위를 취득하고 연구자로 살아남기 위해서는 효율적으로 개별화되어야 한다는 인식과 경험이 대학원 사회에 팽배하기 때문이다. 연구실이나 지도교수, 경제적 환경의 편차 속에서 수많은 대학원생이 아무렇게나 취급 받아왔다. 계약 없이도, 근로기준법을 지키지 않고도 마음대로 활용할 수 있는 사람들이 자, 최소한의 예의나 존중 없이 대해도 되는 집단으로 여겨졌다. 그 가운데서 연구자로서의 생존을 위해 상상할 수 있는 분명한 길은 경쟁밖에 없어 보인다. 우정이 견딜 수 없는 구조에 대학원 생들이 위치한다.

대학원생노조와 함께하는 사람들 또한 저마다의 고민, 온도, 입장을 가지고 있지만, 나는 '당장의 이익'과 직결되지 않을 수도 있는 장기적인 문제를 위해 의미 있는 시작을 하고자 자신을 내어주는 동료들을 노조에서 만났다. 그들은 캄캄하기만 했던 연구자의 삶에 빛을 비춰주었다. 그리고 역설적으로 그들과의 관계는 인간적 유대보다 더 좋은 것이 있음을 경험하게 했다. 나의 현장에서 주체적으로 살아가고 이를 위한 정치를 확장하는 것. 그 가능성을 보여준 곳이 대학원생노조였다. 그렇게 대학원생노조는 내가 연구자로 살아가기를 포기하지 않게 했다. 다양한 전공의 연구자들의 다채로운 치열함을 보면서 연구자의 삶이 하나가 아님을 알게 되었다. 동료들이 보여준 삶, 그들과 함께한 시간은 내가 불안에 휩싸일 때마다 그에 반응하는 방식을 재차 성찰하도록 했다.

운동의 형식과 원칙

노동조합 운동을 한다는 것은 제도화된 조직 운동의 형식을 갖추면서 노동 운동의 역사에 접속된다는 것을 의미한다. 전국민주노동조합총연맹(민주노총) 소속의 전국공공운수사회서비스노조(공공운수노조)를 상급 단체로 하는 전국대학원생노동조합지부(대학원생노조)는 노조법은 물론 총연맹과 상급 단체의 선언·강령·규약·규정을 준용한다. 이는 대학원생노조가 87년 노동자 대투쟁 이후의 민주노조 운동의 역사를 계승하면서, 노동자의 정치·경제·사회적 지위는 물론 전체 국민의 삶의 질 향상과 인간으로서의 존엄성과 평등을 위해 투쟁한다는 것을 의미한다.[61] 그리고 대학의 공공기관으로서의 역할과 연구의 공공성 회복을 위해 노력하며, 대학을 비롯한 다양한 공공·운수·사회서비스 부문 노동자들과의 구체적 연대 관계 안으로 들어간다는 것을 뜻한다. 또한 상급 단체의 기조를 존중하며 조직을 운영함을 말한다. 이는 운동의 관료화나 권위주의를 지양하면서 합리적이고 일관적인 조직 운영에 동참하며 연대 책임을 지는 과제를 떠안는 것이다. 이러한 공동의 과제는 운동의 고립과 비체계성에서 비롯되는 이기주의와 비민주성을 경계하는 것이기도 하며, 일차적으로는 선언·강령·규약·규정·규칙의 제정과 개정으로 재현되는 '운동의 원칙'을 구성하는 문제와 관련된다.

대학원생노조의 '운동의 원칙'은 조직의 최고 의결기구인 총회에서 이루어지는 선언·강령·규약·규정·규칙의 제정과

61. 전국민주노동조합총연맹, 「선언」, http://nodong.org/apeal (검색일: 2022. 8. 21.)

개정을 통해 형성된다. 조합원들이 원칙과 체계의 법적·정치적·현실적 정당성을 함께 탐색하고, 서로를 설득하며, 뜻을 같이하기까지의 과정은 녹록지 않다. 그래서 제정·개정의 반복은 피로하게 느껴지기도 한다. 그러나 이는 운동의 목적과 현실을 지속적으로 성찰하면서 조직의 성격과 방향성, 정치적 입장을 현재화하는 중요한 절차다. 대학원생노조 설립 초기에는 그러한 원칙을 정립하면서 조직 운영의 토대를 세우는 데 많은 노력을 쏟았다.

기초가 다져지자 또 다른 과제가 우리 앞에 놓였다. 우리가 세운 원칙을 끊임없이 실천하는 것, 그리고 원칙의 행간을 들여다보는 것이다. 원칙과 실제, 제도와 문화의 간극은 생각보다 훨씬 크고, 거기에는 수많은 해석의 차이 또한 존재한다. 대학원생 당사자 운동의 조건과 형식은 무엇인가? 연구 노동이란 무엇인가? 연대란 무엇이며 평등이란 무엇인가? 차별과 폭력은 무엇인가? 그것을 어떻게 실현하고, 근절할 것인가? 이론과 실천 사이에는 시차가, 원칙의 행간에는 의미의 각축이, 제도에는 재현되지 못하는 측면이 항상 존재한다는 것을 인정하고, 바로 거기서 한 단계 더 구체적이고 실제적인 공통 이념과 문화를 구성하는 것이 필요했다.

공통의 이념과 조직적 역량으로의 도약

한 조직 안에 있는 사람 간에는 유사성에 대한 기대가 형성되기 쉽다. 원칙을 수립하고 안건을 의결하는 과정에서 자연스레 공통의 입장이 구성된다고 여겨지기도 한다. 촌각을 다투는 일정, 상시적 업무 과중과 인력 부족, 그리고 절박한 목표 속에서 논쟁은 곧잘 스트레스나 상처로 경험된다. 기대와 현실 사이 간극이 크게, 실망이 쉽게 느껴지는 이유다. 한편 그러한 차이와 고충들은 많은 경우 개인적으로 감내된다. 적응하고 수용하거나 토론하고 시정해야 할 사안을 분별하는 것이 꽤 어렵기도 하고, 자신이나 타인을 향한 지나친 엄격함이나 다소 투박한 판단의 습관이 조직적 차원에서 공동의 책임으로 돌파해야 할 과제를 간과하게 만들기도 한다. 그러한 시간 속에서 갈등은 축적되어 밖으로 꺼냈을 때는 형체를 알아볼 수 없는 수준이 되는 것이다. 연대가 적대로 변하는 속도 또한 너무 빨라 관계는 순식간에 회복이 불가능한 상태가 된다. 반면 신뢰 형성의 과정은 더디기에 그 시도는 빈번히 실패로 귀결된다.

　그럼에도 더 많은 대학원생이 연대할 수 있도록 정치적·윤리적·실무적 역량을 개인적 차원을 넘어 조직적 차원으로 발돋움하고자 노력하는 이들이 대학원생노조에 있다. 산적한 당면 과제에 분주히 대응할 뿐 아니라 더욱 안정적이고 바람직한 운영 시스템을 구축하고 소수의 기량이 아닌 조합원 모두의 역량이 단단하게 뿌리내리는 방안을 찾아가고 있다.

　상근 활동가와 협업할 수 있는 재정과 운영의 구조를 만들어 업무를 체계화하고 운동이 개인의 희생으로 존립하지 않게 하는 것. 노조 운동과 연구를 병행하는 대학원생의 집단적 경험을 확장·축적해 궁극적으로 '대학원생의 운동 구조'를 구축하는 것. 노조 운동을 하면 연구를 할 수 없을 것이라는 공포와 과정생·수료

생·졸업생의 생애 주기를 이해하면서, 연구자 정체성을 북돋우
며 운동의 당사자성을 강화하는 방식으로 운동의 리듬을 만들어
가야 할 것이다. 이는 연구라는 행위를 재구성하는 과정이기도
하다. 함께하기로 결단해주었던 이들, 지금도 다시금 결단하고
있는 사람들, 다종다양한 '실무 노동'으로 대학원생노조를 든든
하게 떠받쳐준 모든 친구에게 진심으로 감사를 전하고 싶다.

인문학 전공 비정규교수

김진균

(한국비정규교수노동조합 부위원장)

1

나는 비정규교수다. 대학에서 연구하고 강의하는 사람을 '교수'라고 통칭한다. 20세기까지 대학에서 교수 형태의 대부분은 전일제 근무를 전제로 연봉이 산정되고 형식적 승진 심사를 거쳐 정년을 보장 받는 정규직 전임교원이 차지했으므로, 예전에는 교수라고 하면 대략 정규직 전임교원을 의미했다. 그러나 21세기 들어 대학 교수직에 비정규 직종이 폭증하였다. 지금 대학에서는 강사, 겸임교수, 초빙교수, 연구교수, 강의전담교수, 대우교수, 특임교수 등 대략 30여 종의 비정규교수 명칭이 사용되고 있다. 이제 교수직을 비정규교수와 정규직 전임교원으로 나누어 언급해야 하는 시대가 된 것이다. 정규직 전임교원의 경우에도 소속 대학이나 학문 분야에 따라 처우에 적잖은 차등이 존재하지만, 비정규교수의 경우에는 차등의 스펙트럼이 훨씬 넓다. 그러나 아무리 좋은 대접을 받는 비정규교수라고 할지라도 정규직 전임교원 중에 제일 열악한 처우를 받는 사람보다는 적은 인건비를 받는다. 나는 비정규교수 직종 몇 종을 들락날락 거쳐왔으며, 올해는 고등교육법상의 '강사' 신분으로 대학에서 강의하고 있다.

나는 인문학 연구자다. 대학의 인문학과들을 통칭하여 문사철 文史哲로 부르기도 하는데, 나는 그중에서 국문학을 전공하고 있다. 일부 대학에서는 21세기 들어 스토리텔링학과라든가 문화콘텐츠학과 등으로 국문학과의 이름을 바꾸기도 하였다. 학문의 명칭조차 보존할 수 없을 정도로 상당히 존재 의의를 의심 받는 학문이 되어버린 것이다. 철학이나 역사학 등 인문학의 다른 학문들도 비슷한 곤욕을 치르고 있기에 국문학 종사자들에게 동병상련의 정을 나눌 동료들이 아주 없지는 않다. 이 학문 분야의 연구자들은 '인문학 위기' 담론을 앞장서서 전파해왔으며, 이 학문 분야의 학부생들은 "문송합니다."를 외쳐오고 있다. 인접한 학문 분야인 사회과학이라고 크게 나은 형편은 아닌 듯하다. 정부에서는 취업률을 높이도록 인문학과의 체질 개선을 주문하는데, 인문학은 여전히 주문을 받아 손님이 원하는 음식을 내놓는 일에 미숙하다. 나는 국문학 분야에서도 소수 학문인 근대한문학 분야를 전공하고 있기에 도통 주문조차 받아보는 일이 드물다.

인문학 전공의 비정규교수라니, 읽기도 전에 우선 가슴이 답답해지지 않는가.

2

나는 20세기 말에 학부를 졸업하고 대학원에 진학했다. 20세기 중후반 한국의 대학은 급격히 성장하고 있었다. 이 시기를 산업화 시대라고도 부르는데, 인구는 폭발적으로 증가하고 경제는 비약적으로 성장하고 있었다. 인구 증가와 경제 성장은 고등교육 수요도 확대했고, 수요 확대에 대응하여 고등교육 산업도 완만히 성장하고 있었다. 특히 전두환 정권에서 1981년 도입한 졸업정원제와 김영삼 정권에서 1996년 도입한 대학설립준칙주의는 대학과 대학생의 폭발적 증가와 더불어 대학원생과 대학교수의 비례적 증가를 유발하였다. 그 시절에는 박사 과정 중에 교수로 임용되는 경우도 드물지 않았기에 대학에서 학문을 업으로 삼으면 대학에서 생계도 해결할 수 있으리라는 어렴풋한 희망 같은 것이 대학원을 감싸고 있었다.

대학원에 진학하자마자 정년 퇴직하신 명예교수의 개인 연구실 조교 일을 맡게 된 나는 당시 차비가 채 되지 않는 수고비를 받았다. 별도의 아르바이트를 해야 했는데, 어느 날 명예교수가 지시한 업무 일정이 아르바이트 일정과 겹쳐서 결국 아르바이트를 하고 있다고 자백하고 명예교수께 선처를 구하였다. 그 분은 잠깐 숨을 고르다가 학자가 될 사람이 돈을 밝히느냐는 취지로 점잖게 진찰을 하시더니, 선처 대신 아르바이트를 미루고 지시한 업무를 마무리 지으라고 처방하셨다. 그 분은 젊은 시절부터 날카로운 연구 성과로 널리 인정 받아온 훌륭한 학자였고, 정년 퇴직 후에도 개인 연구실로 쟁쟁한 학자와 정치인들이 찾아뵙는 명

망가였다. 그러나 그 순간 그 분은 학비를 위해 고투하는 서민 출신 대학원생의 삶을 이해하지 못하는 귀족이었을 뿐이다. 대학원생 중 생계가 시급한 사람들은 대개 귀족 교수들의 몰이해 속에 대학원을 떠났다. 나도 아르바이트를 하면서 계속 공부할 수 있을까 걱정이 되기 시작했다. 생계를 위해 잠깐 취업했는데, 안타깝게도 그 어렴풋한 희망의 분위기를 잊지 못하고 대학원생으로 복귀하였다.

2000년대 초반 박사 학위를 취득했다. 그때 인문학계는 김대중 정권을 거쳐 노무현 정권의 한복판에서 거대한 변화를 겪고 있었다. 대학에서 인문학 위기 담론이 횡행하기 시작하더니 이에 화답하듯 정부가 나서서 인문학에 대한 재정 지원을 대폭 확대하였다. 그 덕분에 박사 과정 중에는 인문학의 지분이 상당히 높게 설정된 두뇌한국사업[BK]의 장학금을 받고 다닐 수 있었다. 당시 정부는 그 전까지 예산이 미미하여 유명무실하던 학술진흥재단(현 한국연구재단, 약칭 학진)을 정비하여 다양한 인문사회예술 분야에 대한 연구지원사업의 주요 창구로 삼았다. 학진은 대학마다 산학협력단을 법인으로 설립하게 하고 프로젝트 연구비 관리의 핵심 파트너로 삼았다. 산학협력단은 연구비의 20~30퍼센트 정도를 합법적 관리비로 챙겨서 대학 재정에 보탤 수 있었다. 대학은 프로젝트를 유치하도록 교수들을 독려했다.

교수들이 프로젝트 연구책임자가 되면 별도의 인센티브와 더불어 연구 서적 구입과 해외 학술 대회 참석 그리고 푸짐한 회식 등에 대한 금전적 부담도 덜 수 있었다. 동료들을 공동 연구원으로 등록하여 학계의 영향력을 높일 수도 있었고, 대학원생들을 연구보조원으로 등록하여 학문 후속 세대 장악력을 높일 수도 있었다. 프로젝트 연구책임자가 되기 위해 교수들은 박사 학위를 막 취득한 제자들을 가장 소중한 자원으로 삼았다. 박사 논문을 갓 쓴 연구자들은 프로젝트 제안서를 채울 아이디어가 제법 충만할 확률이 높기 때문이다. 프로젝트 제안서가 선정되면 대개 제안서를 쓴 사람에게는 '전임연구인력'이라는 2~3년 연한의 비정규직 자리가 주어진다. 전임연구인력이라고 불리던 비정규직들은 프로젝트의 중간보고서와 결과보고서도 알아서 감당해낼 수있다. 나도 여러 번 제안서를 쓰고 그 덕으로 각종 프로젝트의 전임연구인력으로 전전할 수 있었고, 강사료 수입을 보전하는 주요 수입원을 갖게 되었다.

이 과정에서 학진과 대학의 연구 업적 장악력이 높아졌다. 우선 학진이 객관적 평가를 주장하며 학술지를 등재지와 등재후보지로 나누어 관리하면서 자신들의 평가 프로세스에 들어오지 않은 학술지들은 '일반학술지'라고 평가절하하였고, 대학은 학진의 학술지 체제를 수용하였다. 학진이 먼저 등재지 게재 논문 편수를 산정하여 프로젝트 심사에 활용하였고 대학은 뒤이어 등재지 게재 논문 편수를 전임교원의 임용과 승진 심사의 주요 지표로 삼았다. 이른바 양적 평가라는 학진 체제의 시대가 개막된 것이다. 연구자들의 자발성으로 형성되었던 학술지의 권위는 정부 기관의 등재지 평가 통과 여부에 따라 지각변동을 일으켰다. 권위를 누리던 학술지가 학진 평가의 허들을 넘지 못해 한동안 2류 학술지 대접을 받기도 했고, 오히려 연구자들에게 전혀 생소하던 학술지가 학진 평가 허들을 제일 먼저 통과하는 기염을 발휘하여 일약 학계의 중심에 자리 잡는 일도 있었다. 학진은 평가 체계에 들어온 학술지들에 학술 대회 개최와 학술지 발간 비용을 지원하는 제도도 만들었다. 그 덕에 학계에서 자생적으로 운영되던 학술지들이 학진의 등재지 평가 체제에 자발적으로 투항하게 되었다. 심지어 학계에 전반적으로 퍼져 있던 학진 체제에 대한 비판과 의심을 수용하여 학진이 학술지 평가 사업에서 발을 빼겠다고 했을 때, 대학과 학회들은 학술지 평가를 지속하라고 압박하며 학진 체제 의존성을 드러내기도 하였다. 대학과 학회가 학진 체제에 완벽히 중독된 것이었다. 학술지를 내는 연구소와 학회들은 학진의 평가에 최적화되기 위해 자생적으로 안간힘을 썼고, 연구소장과 학회장 등을 맡는 원로 전임교원들은 박사 학위를 막 취득한 제자들을 가장 소중한 자원으로 활용하여 등재지 승격 프로세스를 진행하였다. 나도 몇몇 기관지와 학술지의 총무와 편집 등을 맡아 등재지로 승격시키는 과정에서 소소한 활동비를 보수로 받아보았다.

인문학 위기 담론 뒤에 인문학 무용론이 찾아왔다. 인문학 위기 담론 속에서 인문한국사업^{HK}이라는 별도의 인문학 연구자 지원 사업도 신설되어 지금까지 그 틀을 유지하고 있지만, 인문학과 인문학자 그리고 인문학 전공 졸업생들은 여전히 위기에 처해 있다. 인문학이 이러한 사업들을 통해 정부와 사회의 주문을 수행해내리라는 기대는 당초 망상에 가까운 것이었음이 드러난 셈이다. 뒤이어 찾아온 인문학 무용론의 횡행 속에서는 인문학의 규모를 줄여 학령 인구 감소와 취업률 저하를 극복해보자는 인문학 구조조정 사업들이 등장했다. 박근혜 정권 시절에는 인문학 구조조정을 시도하며 산업연계교육활성화대학사업[PRIME]이나 대학인문역량강화사업[CORE]처럼 도통 그 내막이 잘 짐작되지 않는 단어들로 구조조정을 포장했다. 제법 큰 액수의 지원금을 받으며 사업을 수용한 대학이 적지 않았지만, 수도권 대형 대학들의 인문학과는 여전히 건재하다. 인문학 지원 사업과 인문학 구조조정 사업이 섞여들면서 정권의 엉성한 전망이 바닥을 드러내기도 하였지만, 인문학이 구조조정에 쉽게 조정되는 분야가 아니라는 점도 증명된 셈이다. 이 무렵 나는 어느 대학의 인문역량강화사업단에서 행정 일을 처리하는 연구원으로서 잠깐 인건비를 벌면서, 취업 안 되는 인문학 분야 학생들을 취업 잘되는 타 분야 기반 학문으로 개도하는 일과 동시에 전망 불투명한 인문학 분야 학생들을 전망 없는 인문학 분야의 학문 후속 세대가 되도록 붙들어두는, 실로 이율배반적 사업의 행정 실무를 수행하였다.

3

비정규교수는 고등교육 기관에서 강의하고 연구하는 비정규 직종에 종사하는 사람이다. 고등교육 기관에서 강의하고 연구하는 데에는 정규직 전임교원과 업무의 차등이 거의 없지만, 비정규직이기 때문에 불안정한 신분과 열악한 처우에 시달린다. 아무리 열악하고 불안정하더라도 비정규교수가 정규직 전임교원이 되기 전에 잠깐 한두 해 거쳐가는 일종의 수련 과정이라면 대개는 참고 견딜 만할 것이다. 극단적인 노동 강도와 가혹한 근무 환경

속에서도 수련의들이 참고 견디는 것은 그 과정을 거치고 나면 고소득 전문의가 될 수 있기 때문이다.

20세기 대학의 강사들이 지금보다 더 나은 조건에서 연구와 강의를 했을 리가 없지만, 보통 강사 몇 년을 거치면 정규직 전임 교원이 될 수 있으리라는 기대가 있었기에 사회적 우려의 대상이 될 만한 일은 벌어지지 않았다. 그러나 산업화 시대 고도성장이 지속될 것이라는 기대감이 한순간 꺼져버린 20세기 말, 고등교 육도 따라서 위축되고 이제 오히려 정규직 전임교원의 직업 안정 성마저 위협 받기 시작했으며, 박사 과정 중에도 전임교원이 되 던 분위기도 예측 불허의 종식을 맞게 되었다. 한두 해만 강사 생 활을 하면 전임교원이 될 수 있다는 기대는 이제 어지간히 천진 난만한 대학원생들에게서도 찾아볼 수 없다. 이 급격한 전환 과 정에서 이미 강사 직군에 고착된 사람들이 우울과 좌절의 늪에서 잇따라 극단적 선택을 하게 되었다.

최소한의 전임교원조차 확보하지 않고 비정규교수를 양산하 는 대학의 관행이 이 문제를 악화시켰다. 관계 법령에는 대학에 서 인문사회계열은 학생 25명, 예술계열과 공학계열은 20명, 의학 계열은 8명당 전임교원 1명을 확보해야 하는 것으로 설정되어 있 다. OECD 국가 평균 교원 1인당 학생수 15.8명에 비교해도 한심한 기준이지만, 우리나라 대학들은 이 한심한 기준마저 준수하지 않 아서 2018년 대학 전체 평균 학생 대 교수 비율은 25.2명당 1인 수 준이다. 짐작보다는 괜찮아 보일지 모르겠지만, 이 통계에는 열악 한 처지의 겸임교원들과 강의가 거의 없는 의대 교수들도 대거 포 함되어 있다. 강의하는 정규직 전임교원만으로 통계를 잡아보면

이 수치가 얼마나 어처구니없이 추락할지 알 수 없다. 이 짐작하기 어려운 수치들 속에서 전망을 잃은 비정규교수들이 절망하게 되었던 것이다. 강사의 강의료도 물가 인상률을 따라잡지 못하여 실질 임금은 해마다 하락하였다. 잠깐 머물다 옮겨갈 희망이 없어진 사람들에게 삶이 더욱더 열악해지리라는 가혹한 예상은 더욱 큰 절망의 조건으로 다가왔다.

2019년 시행된 개정강사법은 비정규교수들의 극단적 선택이 잇따르는 것에 대한 사회적 우려를 수용하여 당초 2010년 이명박 정권에서 논의되기 시작했던 것인데, 10년 동안 우여곡절을 겪으면서도 강사들의 우울과 좌절을 해결할 만한 수준의 제도를 담아내지는 못했다. 고등교육에 종사하는 비정규교수들을 착취하면서 이익을 추구해온 정부와 대학이 문제를 근본적으로 해결할 의지가 부족했기 때문이다. 오히려 대학들은 개정강사법이 제시하는 미미한 수준의 개선책조차 회피하기 위해 다양한 편법을 구사하는 상황이며, 대학을 관리하고 감독해야 할 정부조차 그러한 편법들을 방치하는 형편이다.

내가 강의하는 대학에서 전임교원과 비정규교수의 강의 담당 비율은 60:40 정도인데, 인건비 차이는 96:4이다. 물론 전임교원은 대학 운영에 필요한 추가 행정 노동이 있으므로 비정규교수와 동일한 노동을 하고 있다고 할 수는 없다. 그렇다고는 해도 전임교원만 하는 행정 노동의 가치가 전임교원과 비정규교수가 동등하게 하는 연구와 강의 노동 가치의 수십 배가 넘는다고 볼 수는 없다. 전임교원 한 사람 뽑을 인건비로 강사 여러 명을 뽑아서 재정에 훨씬 더 유리한 조건을 만들어온 대학과 정부의 관행이 빚은 관성의 결과일 뿐이다. 어렵사리 정규직 전임교원이 된 사람 중에서도 학생 충원을 위해 고등학교 3학년 교무실을 돌며 방문판매 사원처럼 헤매고 다녀야 하는 이도 적지 않지만, 그 중에 자발적으로 다시 비정규교수로 돌아간 사람이 있다는 소문이 없는 것을 보면 아무리 열악한 정규직 전임교원이라도 비정규교수보다는 낫다.

정규직 전임교원과 비정규교수 직군 사이의 거대한 낙차는 정규직 전임교원으로 편입되기 위한 공채 시장에 과도한 경쟁을 불러왔다. 보통 공채 시장에서는 표준화하기 어려운 강의 경력보다 이미 학진 체제로 표준화된 연구 경력이 활용된다. 학진 체제에서 표준화된 연구 경력이란, 한마디로 등재지 게재 논문 편수이다. 공채 시장에 과거부터 있었던 부당한 관행들, 즉 학맥과 인맥의 개입 등도 전혀 해결되지 못한 상태에서 논문 편수라는 난감한 상수가 추가 설정된 것이다. 낯간지러운 표현을 쓰자면 학문에는 높은 경지도 있고, 넓은 경지도 있을 수 있고, 깊은 경지도 필요하다. 이걸 표준화하여 편수로만 따지는 시장이 벌어지면 높고 넓고 깊은 것은 아무런 가치를 발하지 못하고 오로지 많은 경지만 평가 받는다. 학맥 획득과 인맥 관리와 더불어 논문 다량 생산이 정규직 전임교원을 지망하는 연구자의 기본 도덕이 되어버린다. 논문 다량 생산을 위해 가장 많이 선택하는 방법은 한 편에 담길 아이디어를 쪼개어 서너 편으로 만드는 것이다. 다량 생산 체제가 만들어내는 논문의 홍수는 시민들은 물론 연구자들도 학계에서 무슨 연구가 진행되는지 도통 감을 잡지 못하는 지경까지 만들어냈다.

4

도대체 무엇이 문제일까.

　법률로 정해진 최소한의 전임교원조차 확보하지 않아도 되는 데에는 대학에 대한 사회적 무관심이 큰 역할을 하였다. 대학 진학률이 70퍼센트를 육박하는 비정상적 사회에서 고등교육에 대한 사회적 관심은 비정상적으로 낮다. 대학에서 무엇을 어떻게 배우느냐가 학생의 미래를 결정하지 못하고, 대학이 무엇을 어떻게 가르치든 학생의 미래에 거의 영향을 미치지 못하며, 오직 어느 대학을 나왔느냐만 학생의 미래를 결정하는 사회 분위기 때문일 것이다. 그저 개인과 가족의 모든 자원을 총동원하여 대학 입시에 투입하는 것이 미래를 위한 가장 좋은 투자로 여겨진다. 이런 상황에서 대학 입시까지의 높았던 사회적 관심은 고등교육 과정에 대해서는 뚝 떨어지고, 취업 문제가 부각될 때 다시 높아진다. 대학 교육에 무심한 여론은 대학에 대한 감시 기능이 작동하기 어렵게 만든다.

　이 틈에 대학에서는 승자들이 자율성을 활용하여 패자들과의 낙차를 즐기며 기득권을 확장하여 사적 이익을 추구해왔다. 이 구조에 대한 문제 제기가 대학 안팎에서 나오기도 어려웠다. 대학 내부는 성과 경쟁의 경영 논리에 순치되었고, 대학 외부에서는 그런 대학에 관심을 끊은 지 오래다. 대학은 오히려 사회적 무관심을 즐기는 편이었다. 미로 안의 복마전은 이런 분위기에서 조성될 수 있었고, 복마전의 자가 발전으로 미로는 더욱 복잡해졌다. 이 악순환의 고리에서 고등교육과 연구의 공공성은 구두선으로라도 대학 안에서 언급되는 일이 거의 없어졌다.

다시 조망하면 이렇다. 대학으로서는 재정적 이익을 추구하느라 비정규교수를 양산해왔으며, 재정적 이익이 목적이므로 비정규교수의 신분과 처우를 개선하는 데에 비용을 쓰는 것에는 전혀 관심이 없다. 대학에서 강의하며 연구하는 사람들은 지옥 같은 비정규교수의 삶을 벗어나 정규직 전임교원이 되기 위해 논문 다량 생산에 강박적으로 집중하게 되었다. 논문 다량 생산이 연구자의 도덕이 되자, 논문의 홍수 속에 학계의 연구자들도 핵심 전공을 넘어서면 길을 잃게 되고, 공동체의 시민들도 학계의 동향에 관심을 갖기 어려워진다. 학문이 공동체와 무관해지면서 내부 경쟁으로만 치달으니, 시민들은 대학에서 벌어지는 일에 관심을 가질 계기가 없어지고 연구자들은 공동체에서 벌어지는 일에 관심을 가질 이유가 없어졌다. 돌고 도는 악순환 속에서 학문의 공공성이 설 자리가 없게 된 것이다. 공공성이 사라진 대학에서의 비정규교수들 문제는 정말 아무도 아무런 관심을 갖지 않는 시야의 사각으로 소멸된다.

최근 한두 해 개정강사법 시행이 대학 사회의 뜨거운 이슈로 부각되면서 간혹 언론에서 비정규교수 문제를 다루는 일이 있었는데, 그 뉴스의 댓글창에서 일정한 경향성을 발견하고 경악한 바 있다. 박사 과정을 마칠 만큼 유복하고 유학을 다녀올 만큼 여유가 있는 자들이 더 좋은 자리를 차지하려는 내부 경쟁에서 밀려 비정규교수로 고착된 것이니, 다들 살기 어려운 사회에서 너무 자기중심적인 시각을 가진 자들이 아닌가 하는 정도로 순화될 수 있는 증오심의 표현들이 압도적으로 많은 댓글을 차지하는 것에 충격을 받았던 것이다. 이익만을 앞세우는 대학의 잘못보다,

바로잡지 않는 정부의 잘못보다 비정규교수의 무능을 더 문제 삼을 수 있다는 사실은 조금 공포스럽기까지 했다.

지금 이 글을 통해 인문학을 전공하는 비정규교수로서의 내 삶에 대해 간략히라도 정리해보려 하니 대학 안팎에서 겪었던 씁쓸함이 소태처럼 질기게 감겨와서 한동안 생각을 정리할 수 없었고, 아물지 않은 상처들은 굳이 헤집지 않고 바라만 보아도 새삼쓰렸다. 그러나 뉴스 댓글의 저런 모멸들을 떠올리면 쓰리고 아픈 것은 내 마음일 뿐 아무런 사회적 의미가 없을 것이라는 생각이 들어 되도록 적지 않으려고 노력했다. 강사료 수입으로는 생존을 유지할 수 없지만, 그럭저럭 또 굶어 죽지는 않도록 이런저런 연구지원사업이 주어지고, 그렇다고 공동체를 고민하는 학술 담론을 추구할 만한 여유는 주어지지 않으며, 연구와 강의에서 보람은 찾지만 자존감까지 찾을 수는 없고, 일상적인 우울과 절망감을 벗어나지 못하는 내 삶은 그럼에도 도대체 무엇이 문제일까.

적어도 우리 사회 전체가 무한 경쟁의 늪에서 낙오 지옥을 디디며 허우적대느라 서로를 돌아볼 여력이 없으며, 이러한 분위기는 고등교육 분야라고 해서 다를 바 없음은 분명히 알겠다. 정규직 전임교원들이 훨씬 치열해진 성과 경쟁에 시달리고 비정규교수들은 눈앞의 몰락을 피해보려고 안간힘을 쓰는 사이, 대학은 이들의 경쟁을 지켜보며 학령 인구 감소나 등록금 동결 위기 등의 재정 관리 구호를 외칠 수 있고 정부는 멀찍이 서서 관성대로만 움직여도 된다. 공동체를 위한 공공의 고등교육과 연구는 아무도 드러내놓고 부정하지 못하지만, 아무도 감당하지 않는 일이 되어버렸다. 밖에서 보면 대학이 내부자들의 밥벌이 판으로밖에 보이지 않는 것도 너무 당연하고, 비정규교수의 개선 요구가 밥상머리에서 밀려난 자들의 성가신 아우성으로 들리는 것도 용혹무괴이다.

지금 이 악순환의 고리를 끊지 않으면 고등교육은 망할 것이다. 비정규교수 직군에 고착된 사람들이 가장 먼저 타격을 받겠지만, 학문 후속 세대가 붕괴되고, 정규직 전임교원 직군에 안착한 사람들도 위협에 처할 것이다. 대학도 앞으로의 재정 위기에 속수무책이 될 것이다. 공동체가 지원하고 지지하지 않는 고등교육은 존립할 수 없는데, 대학은 역사 이래 자립한 적도 없고 앞으로도 자립할 수 없을 것이다. 공동체에 기생해왔다고 할 수도 있겠는데, 지금처럼 대학 구성원 모두가 공동체의 위기에 나몰라라 하면서 자기들만의 경쟁에 매달려 밥값만 하겠다는 짓은 밥값과 가장 거리가 먼 비열한 기생이다. 가치 있는 기생이라면 학문의 공공성을 추구하여 공동체에 상상력을 제공해주고 가치 있는 공동체를 만들어가는 길밖에 없다. 그것은 밥값을 하는 일일 것이다. 가슴이 답답한 인문학 전공의 비정규교수는 가장 적게 먹었으니, 밥값도 거뜬히 치를 수 있을 것이다.

참고 문헌

단행본

- 강현석 외,『제로의 책』, 돛과닻, 2022.

- 김민섭,『경계인의 시선』, 인물과사상사, 2019.

- 니시무라 미츠루·카와스미 히로시,『대사각하의 요리사』, 학산문화사, 2000.

- 알랭 바디우,『투사를 위한 철학』, 서용순 옮김, 오월의봄, 2013.

- 알랭 바디우,『세기』, 박정태 옮김, 이학사, 2014.

- 알랭 바디우,『알랭 바디우, 오늘의 포르노그래피』, 강현주 옮김, 북노마드, 2015.

- 알베르 카뮈,『시지프 신화』, 김화영 옮김, 민음사, 2016.

- 오쓰카 에이지,『감정화하는 사회』, 선정우 옮김, 리시올, 2020.

- 이동연, 한기호, 이윤종 외,『누가 문화자본을 지배하는가?』, 문화과학사, 2015.

- 자크 랑시에르, 『역사의 이름들』, 안준범 옮김, 울력, 2011.

- 조지 오웰, 『조지 오웰 에세이: 나는 왜 쓰는가』, 이한중 옮김, 한겨레출판, 2010.

정기간행물

- 강태경, 「대학의 변화와 하나의 직종으로서 대학원생」, 『진보평론』, 제76호, 2018.

- 구슬아, 「대학의 관성의 역사와 연구자 공동체의 개입하는 주체사」, 『역사문제연구소 회보』, 제62호, 2019.

- 구슬아, 「안녕하세요. 취향과 판단입니다.」, 『취향과 판단』, 제1호, 2022. 1. 25.

- 홍덕구, 「행정조교에게 열린 지옥문」, 『시사IN』, 제530호, 2017. 11. 15.

기사, 뉴스

- 「[기고] 좋은 대학원을 만든 대학원생 노동자들의 노력」, 『동아사이언스』, 2019. 10. 30.

- 「나도 모르는 새 깎인 월급… 대학조교는 봉?」, 『아시아경제』, 2017. 9. 24.

- 「논문은 학자가 썼는데, 왜 돈은 업체가 버나」, 『한겨레』, 2018. 8. 30.

- 「누구나 작가가 되는 세상을 꿈꾸나」, 『이슈메이커』, 2020. 1. 4.

- 「[대학 INSIGHT] 지방대 위기, 정원 외 전형 손봐야」, 『대학저널』, 2021. 7. 21.

- 「미국, 대학원생·조교도 노조 구성할 권리 인정」, 『경향신문』, 2016. 8. 24.

- 「[시론] 새 강사법 안착, 정부의 역할」, 『경향신문』, 2019. 6. 14.

- 「'외국인 학생 등록금' 대폭 인상 시도하는 대학들, 왜?」, 『경향신문』, 2022. 1. 21.

- 「"우리가 돈이 없지 노조가 없냐!" 전국대학원생노동조합 공식 출범」, 『한국일보』, 2018. 2. 24.

- 「위태로운 대학원생의 건강」, 『중앙대학교 대학원신문』, 2021. 7. 20.

- 「작가 천명관·손아람 '문단 권력' 날선 비판 "출판사·언론·대학의 카르텔이 '문피아' 돼 작가 길들이고 지배"」, 『경향신문』, 2015. 7. 2.

- 「[테크M 이슈] '모바일 출판시대' 이끄는 카카오 브런치… 등록작가 5만 명 넘긴 비결은」, 『Tech M』, 2022. 2. 16.

- 「학생연구원 권익보호 한다더니… 양날의 검이 된 '근로계약 의무화'」, 『동아사이언스』, 2018. 4. 5.

- 「헌법재판소 '대학교수 노조 금지' 헌법불합치 결정」, MBC, 2018. 9. 3.

자료집

- 강태경, 「대학원생 업무별 노동자성 연구」, 『한국산업노동학회 2018 신진연구자 여름캠프』, 2018, 95~108쪽.

- 국가인권위원회, 『대학원 연구환경에 대한 실태조사』, 2015.

- 대통령직속청년위원회 외, 『대학원생 연구환경실태 보고서』, 2014.

- 신정욱, 「대학원생 노동자에 관한 노동자성 부정논변 반박」, '2018년 비판사회학대회: 신자유주의 극복과 포용을 위한 사회적 모델' 발표문, 비판사회학회, 2018, 1~14쪽.

- 이용우, 「개정 강사법의 안착을 위하여」, '대학 강사 대량해고와 수강신청 대란−원인과 해법은 무엇인가?' 정책토론회자료집, 2019. 3. 13.

- 이우창, 「대학 내 권력형 성폭력과 인권센터: 현황과 개선 방안」, Me Too에서 With You로: 대학 내 권력형 성폭력 미투 운동 피해사례 성토대회 및 문제점 진단 토론회, 2018. 4. 10.
- 이우창, 「대학원 내 성폭력 예방·대응을 위한 정책 제안」, 대학 내 권력형 성폭력 방지를 위한 제도 개선 촉구 간담회, 2018. 4. 11.

웹사이트

- 교육부, https://www.moe.go.kr/
- 구글 플레이 스토어 애플리케이션 공식 정보—유튜브.
- 구글 플레이 스토어 애플리케이션 공식 정보—인스타그램.
- 대학알리미, https://www.academyinfo.go.kr/
- 브런치 스토리, https://brunch.co.kr/
- 전국민주노동조합총연맹, 「선언」, http://nodong.org/apeal/
- Canadian Union of Public Employees (local 3903 York University), https://3903.cupe.ca/
- Coalition of Graduate Employee Union, http://www.thecgeu.org/
- Graduate Employee Organization (UAW Local 2322), https://uaw2322.org/graduate-employee-organization-umass-amherst/
- Graduate Worker Union of UW-Madison (TAA), http://taa-madison.org/
- Teaching Assistants and Postdocs at Western University (PSAC 610), https://www.psac610.ca/
- The Teaching Support Staff Union, https://www.tssu.ca/

• University of Toronto Education Workers^(CUPE 3902), https://www.
cupe3902.org/

기타

• 서울연구원 도시정보센터, 「서울의 가구당 한 달 생활비는?」, 『서울인
포그래픽스』, 제124호. 2015. 2. 16.

연구자가 세상에 말을 건네는 방법

대학원생·연구자의 글쓰기와 조직 운동

초판 1쇄 발행 | 2024년 6월 24일

지은이 | 구슬아

편집 | 김유정, 양광모
디자인 | 박준기

펴낸이 | 김유정
펴낸곳 | yeondoo
등록 | 2017년 5월 22일 제300-2017-69호
주소 | 서울시 종로구 부암동 208-13
팩스 | 02-6338-7580
메일 | 11lily@daum.net

ISBN | 979-11-91840-44-5 (03330)